小白学理财系列

可转债
投资小白
躺赚指南

—————— 于佳蓉 / 著 ——————

电子工业出版社
Publishing House of Electronics Industry
北京·BEIJING

内 容 简 介

当你无法准确判断市场行情时，投资可转债是优选。可转债，是近年来逐渐火热起来的一款神秘且小众的理财工具。投资可转债既可以做到低风险投资，也可以收获上不封顶的投资回报。那么，我们该如何理解可转债的基础知识、重要条款及交易规则呢？我们又该如何使用可转债的各种交易策略来获得投资收益呢？你想要的答案，都可以在本书中找到！如果你是无法经常盯盘的上班族，那么这本书适合你；如果你是既想保本又想博取高收益的风险厌恶型"投资小白"，那么这本书适合你；如果你想要系统深度地学习可转债投资知识，那么这本书也适合你。

图书在版编目（CIP）数据

可转债：投资小白躺赚指南 / 于佳蓉著. —北京：电子工业出版社，2021.1
（小白学理财系列）
ISBN 978-7-121-39967-1

Ⅰ. ①可… Ⅱ. ①于… Ⅲ. ①可转换债券－通俗读物 Ⅳ. ①F830.91-49

中国版本图书馆 CIP 数据核字（2020）第 226693 号

责任编辑：黄爱萍
印　　刷：北京盛通商印快线网络科技有限公司
装　　订：北京盛通商印快线网络科技有限公司
出版发行：电子工业出版社
　　　　　北京市海淀区万寿路 173 信箱　　邮编：100036
开　　本：720×1000　　1/16　　印张：15.25　　字数：241 千字
版　　次：2021 年 1 月第 1 版
印　　次：2022 年 6 月第 3 次印刷
定　　价：69.00 元

凡所购买电子工业出版社图书有缺损问题，请向购买书店调换。若书店售缺，请与本社发行部联系，联系及邮购电话：（010）88254888，88258888。
质量投诉请发邮件至 zlts@phei.com.cn，盗版侵权举报请发邮件至 dbqq@phei.com.cn。
本书咨询联系方式：（010）51260888-819，faq@phei.com.cn。

前　　言

当投资者无法准确判断市场行情时，投资可转债是优选。那么，什么是可转债呢？可转债，全称为可转换公司债券，是指上市公司向不特定对象依法发行，并在一定期间内依据约定的条件转换成股票的公司债券。可转债是上市公司发行的一种债券（1000 元起投），也是近年来逐渐火热起来的一款神秘且小众的理财工具。我很喜爱它，同时也想分享给正在阅读本书的你，希望你也可以和我一起在可转债的投资世界里有所收获。

◆ 为什么我如此喜爱可转债呢？

我喜爱可转债的原因可以归纳为以下六点：

第一，可转债的债性决定了它具有低风险属性，这在某种程度上可以让可转债投资具有保本属性。本质上，可转债是一种可以到期还本付息的面值为 100 元/张的债券。持有可转债的投资者，每年都会获得一定的利息。可转债持有人持有到期则可以获得本金与全部利息，这些利息被称为到期收益。可转债的到期收益率越高，可转债的债性保护性就越强，投资者资金的安全性就越高。当可转债价格下跌至纯债价值附近时，可转债价格大概率会止跌，当然也有可能会继续下探。但是，随着时间的流逝，可转债价格总会慢慢向上走，但具体不知道要等待多久。

第二，可转债的股性决定了它具有高收益的属性，这在某种程度上可以让可转债具有看涨期权的属性。此时，投资者持有可转债相当于与时间做朋友。当可转债持有人买入可转债的成本足够低时，只要行情出现大的变动，投资者就可以轻松实现"躺赢"。

第三，可转债的转股属性使投资者可以按照事先约定的条件将可转债转换成正股股票。

第四，在可转债转股期内，向下修正转股价格有利于可转债持有人。在可转债转股期内，当可转债持有人买入可转债的成本足够低时，如果可转债触发下修条款，那么可转债持有人大概率就会获益，并实现"躺赢"。

第五，在可转债回售期内，回售条款利好可转债持有人。

第六，在可转债转股期内，可转债被强赎利好以低可转债价格买入可转债的持有者。当股价远远超过约定的转股价格时，发行人有权按照约定的赎回价格赎回全部未转股的可转债。

◆ 为什么我说"当投资者无法准确判断市场行情时，投资可转债是优选"呢？

其主要原因可以归纳为以下两点：第一，投资可转债对投资者择时的要求不高。

第二，投资者不用对行情进行严格的判断。判断股票价格在未来上涨或下跌到某个价位，是一件十分困难的事情。但是，可转债是一种低风险、高收益的投资品种，它的投资收益下有保底（债性）、上不封顶（股性），同时可转债具有看涨期权的特点。这些特性使得可转债成为一种难得的、

"攻守兼备"的投资品种。可转债的特有属性与重要条款常常利好可转债投资者，即使可转债的正股下跌，持有可转债也可能不亏钱或者盈利。

◆　本书的主要内容

第1章，介绍可转债的基本情况。

第2章，介绍可转债的基础知识。

第3章，深入细致地介绍可转债的重要条款。

第4章，详细梳理可转债的交易规则与实战解析。

第5章，手把手向投资者介绍可转债的10种交易策略与进阶思考。

第6章，介绍可转债的延伸。

相信阅读完本书的投资者，都会对可转债有更加深入的理解。笔者在这里也要温馨提示投资者：在投资的过程中，大家不仅要认真学习可转债的知识，还要有充足的耐心去等待行情的开启。有时，耐得住寂寞，才能守得住繁华。毕竟，等待常常让人充满期待！

此外，由于笔者能力有限，书中如果有不足的地方，欢迎各位前辈与读者朋友多多指正。

于佳蓉

2020年10月于北京

目　　录

第 1 章

1

初识可转债

1.1　可转债是什么

可转债，全称为可转换公司债券，是指上市公司向不特定对象依法发行，并在一定期间内依据约定的条件转换成股票的公司债券。关于可转债的定义，我们可以从以下几个方面来具体解读。

1. 哪些上市公司可以发行可转债？

发行可转债已成为上市公司融资的主要途径之一，但并不是所有的上市公司都可以发行可转债。可转债的发行门槛较高，对发行人的财务要求也较高，允许发行可转债的企业一般是盈利能力较强且稳定的优质上市公司。

简而言之，对于一家盈利能力较强且质地比较优良的上市公司来说，它大概率容易满足发行可转债的要求。如果这样优秀的上市公司有融资需求，那么它就可以通过发行可转债进行融资。

2. 不特定对象是指哪些人？

向不特定对象发行证券，就是向社会公众发行证券，这样的发行方式具有普遍性。换句话说，我们都属于社会公众，作为普通投资者，都可以参与可转债的交易。

3. 一定期间是指多久？

在可转债定义中提及的"一定期间"主要是指可转债的转股期。转股期是指可转债可以转换成正股股票的时间区间，即从可转债发行结束之日起满六个月后的第一个交易日至可转债到期日为止。对于没有进入转股期的可转债，是不能马上转换成正股股票的，投资者需要等待六个月才能行使转股的权利。

4. 约定的条件是什么？

可转债持有人可以根据可转债募集说明书事先约定的条件将可转债转换成正股股票，这里提及的"约定的条件"是指可转债的转股价格及其与之相对应的阈值比例。在可转债募集发行时，可转债的初始转股价格会在募集说明书中写明。但是，这个初始转股价格并不是一成不变的，它会根据某些特定的事项进行必要的调整，如当可转债发行人派送股票股利或转增股本、增发新股或配股及派送现金股利时，可转债发行人可以调整转股价格。

在通常情况下，可转债投资者可以利用可转债的转股价格来做四件事。

第一，投资者可以利用可转债的转股价格来计算可转债的转股价值，其中可转债的转股价值是由转股价格与股票价格共同决定的。

第二，当可转债进入转股期之后，投资者可以利用可转债的转股价格来判断该只可转债是否会触发"有条件赎回（强赎）条款"。

第三，在可转债存续期间，投资者可以利用可转债的转股价格来判断该只可转债是否会触发"转股价格向下修正条款"。

第四，当可转债进入回售期之后，投资者可以利用可转债的转股价格来判断该只可转债是否会触发"有条件回售条款"。

5. 为什么可转债可以转换成股票？

可转债是一种可以转换成股票的公司债券，具有债性、股性、可转换性等特征。债性，是指可转债作为债券，持有人具有持有到期可收回本金与利息的特性。到期收益率（Yield to Maturity,YTM）是衡量可转债债性强弱的标准。如果可转债的债性可以让投资可转债实现收益下有保底，那么可转债的股性则可以让可转债获得因股票价格上涨而带来的收益。

当可转债进入转股期后，持有人可以根据可转债的转股价格与溢价率高低来决定是否要将持有的可转债转换成对应的正股股票。理论上，溢价率越低，可转债跟随正股股价上涨的关联程度就越高，进攻性就越强，可转债价格相对来说越容易上涨；溢价率越高，可转债跟随正股股价上涨的关联程度就越低，进攻性就越弱，可转债价格相对来说越难上涨。

可转债在转股之前是一种债券，投资者可以获得债券面值与当期应计利息；可转债在转股之后，可转债持有人将不再持有可转债，而变成持有一定数量的正股股票。投资者可以充分利用可转债的可转换性来进行债与股之间的套利交易。

1.2 为什么要选择投资可转债

1. 可转债的特有属性与条款有利于投资者

可转债是一种低风险、高收益的投资品种，其投资收益下有保底（债性），上不封顶（股性），同时还具有看涨期权的特点。这些特性使得可转债成为一个难得的攻守兼备的投资品种，而可转债的特有属性与重要条款常常有利于可转债投资者。

可转债具有低风险属性：可转债具有债性属性，而债性在某种程度上可以让可转债投资具有保本属性，纯债价值可以被视为可转债的债底。可转债作为一种债券，持有人持有到期是可以收回本金与利息的。

可转债具有高收益属性：可转债具有股性属性，也就是说，转股溢价率越低，可转债价格和正股股票价格的联动性就越强，即正股价格上涨，可转债价格大概率可能会随之上涨。

可转债具有转股属性：投资者可以根据可转债募集说明书中事先约定的条件将可转换公司债券转换成对应的正股股票。在通常情况下，可转债违约风险低，可转债发行人通过向下修正转股价格来促使可转债持有人具有较强的转股意愿，属于有利于投资者的情况。当可转债成功转股时，对发行上市公司和可转债投资者来说是一个双赢的结果。投资者可以将持有的可转债转换成股票，且由债权人变成公司股东，这样发行公司就不用偿还借来的债了。

可转债的下修条款：当正股价格在某一段时间内的跌幅达到一定程度且满足可转债回售条款时，可转债发行公司就不得不面对可转债的回售压力，这对于资金紧张的公司来说是一种挑战。有些公司的资金是好不容易融资来的，所以它不想这么快地偿还给投资者，而有些公司则是确实没有资金偿还给投资者。因此，当可转债发行公司面临回售压力时，可以利用可转债的转股价格向下修正条款进行"自救"，进而促进可转债持有人尽快实现转股。

一旦转股价格下修，公司就可以从回售压力中"脱身"。同时，对于投资者来说，每一次转股价格的下修，都是千载难逢的"博弈"机会，因为可转债的转股价值因转股价格的下修而提高了，投资者可以获得投资收益。可转债的下修案例比较多，投资者可以从可转债的下修条款中获益。

可转债的回售条款：当可转债进入回售期后，如果正股价格在某一段时期内大幅下跌，远远低于转股价格且达到一定的回售阈值比例，那么可转债持有人有权依照可转债募集说明书中的约定，将可转债以债券面值加当期应计利息的价格全部或者部分回售给发行人。回售是可转债持有人的权利，而不是义务。持有人可以选择回售，也可以选择不回售。

在回售期间，正股价格大涨，可转债价格会跟随上涨；正股价格大跌，可转债价格存在向下修正的预期。也就是说，对于符合回售条件的可转债来说，无论正股价格是上涨还是下跌，均有利于可转债持有人。可转债回售条款不仅可以保护投资者的利益，而且还可以降低投资风险，是一个有利于投资者的重要条款。

可转债的赎回条款：当正股股价远远超过约定的转股价格时，发行公司有权按照约定的赎回价格赎回全部未转股的可转债。在某种程度上，赎回条款可以保护发行公司的利益。同时，投资者需要特别关注这个条款，避免因错过可转债的赎回登记日而遭受损失。根据可转债募集说明书中提前赎回条款的约定，上市公司会决定是否满足其可转债的有条件赎回（即强赎）条件，绝大多数可转债都是以发起"强赎"而终结可转债的存续的。可转债的强赎对于低风险投资者来说是一件好事，因为此时投资者早已实现可观的盈利。

2. 投资可转债优于投资股票

投资可转债优于投资股票，主要体现在本金安全性、交易规则、涨跌幅度限制、交易费用、投入时间、交易策略这六个方面，具体分析如下。

本金安全性：可转债具有低风险保本属性，投资者可以视可转债的纯债价值为可转债的债底。在通常情况下，当一只可转债的价格越接近于可转债的纯债价值时，该只可转债价格下跌的可能性就越小，投资者买入该只可转债的安全性就越高。此时，投资者可以耐心持有可转债，等它在未来开始上涨止盈时卖出。相比之下，股票并不具有保本的属性。股票价格的波动较大，有的股票价格还会持续下跌，且不见底，使得投资者解套的可能性极小。此外，可转债还会受到回售条款、向下修正转股价格条款、赎回条款等的影响，这些条款或多或少都会保护可转债投资者的利益。因此，从本金安全性的角度出发，投资可转债优于投资股票。

交易规则：沪深两市的可转债均实行当日回转交易制度，即 T+0 交易制度，投资者可以在当日买入可转债，也可以在当日卖出，时间比较灵活。然而，股票实行 T+1 交易制度，投资者在当日买入股票后，即使股价一路下跌，投资者也需要等到次一个交易日才能卖出。在这期间，投资者需要具备一定的价格上下波动的容忍度。交易规则的不同，使得投资可转债优于投资股票。

涨跌幅度限制：可转债交易不设涨跌幅限制，但盘中会有临时停牌制度，具体的规则如表 1-1 所示。当可转债价格大幅上涨时，投资者可以获得非常可观的投资收益；当可转债价格大幅下跌时，投资者可以利用 T+0 交易制度及时卖出。低风险投资者很少会参与高价可转债的交易。由于可转债具有债性的特性，所以它的下跌幅度是有限的，最差的情况是跌至可转债纯债价值附近。此时，对于可转债的长期投资者来说，并不需要过分担心可转债的下跌，只需调整好心态耐心持有即可。

表 1-1 沪深两市可转债盘中临时停牌规则

临时停盘条件	沪市	深市
盘中成交价较前收盘价首次上涨或下跌达到或超过 20%	临时停牌 30 分钟	临时停牌 30 分钟
盘中成交价较前收盘价首次上涨或下跌达到或超过 30%	临时停牌至 14:57	临时停牌 30 分钟，临时停牌时间跨越 14:57 的，于 14:57 复牌。值得投资者注意的是，自 2020 年 11 月 2 日起，深交所可转债盘中临时停牌制度发生部分调整：由原来的临时停牌 30 分钟修改为临时停牌至 14:57
关于临时停牌期间的委托	在沪市临时停牌期间不可以进行买入或卖出申报	在深市临时停牌期间可以进行买卖申报，也可以撤销申报。在复牌时，对已接受的申报实行复牌集合竞价

股票交易设有 10%的涨跌停板限制。当股票价格涨停时，投资者会倍感欣喜；当股票价格跌停时，投资者会心塞至极。如果股票价格持续下跌，则投资者可能要等待很久才能解套，有时甚至很难解套，进而不得不承受较大的投资损失。

交易费用：当投资者进行股票交易时，需要缴纳印花税、过户费及交易佣金，而可转债交易只收交易佣金，不收印花税和过户费。从交易费用的角度出发，交易可转债可以节省不少交易费用。

投入时间：股票投资者需要投入较多的时间与精力来研究公司的基本面进而挑选出优质的股票。然而，对于可转债投资者来说，如果可转债价格低于可转债面值或在可转债面值附近，那么投资者就可以简单快速地了解可转债对应的正股的基本面与可转债的信用评级，然后快速决定是否买入这类低风险的可转债。可转债长期持有人并不需要经常盯盘，比较适合空余时间较少的上班族。

交易策略：在第 5 章中，笔者为投资者梳理总结了 10 种可转债的交易策略。投资者无论使用哪一种交易策略，都要关注可转债价格、转股溢价率，以及可转债到期收益率等核心指标。只要可转债满足这些指标与条件，投资者买入并耐心持有都会获得相对不错的收益。对于股票交易，简单地说就是"低买高卖"，但是在实际执行过程中就显得特别困难，长期持有可能会获利，也可能会一直朝着"东南方向"下跌，这不仅会让投资者倍感心力交瘁，还会承受被套与"割肉"的损失。因此，从交易策略的角度出发，投资可转债优于投资股票。

3. 可转债受融资企业青睐

近年来，随着可转债市场的持续扩容，上市公司越来越偏爱这种融资方式。对有融资需求的企业来说，发行可转债的流程短、成本低、限制少、对公司股价冲击小，同时也更受到投资者的欢迎。基于以上原因，可转债已成为融资企业近年来的新宠。

当投资者购买上市公司发行的可转债时，他可以在约定的时间内将自己手中的可转债转换成公司的股票，也可以持有到期获得本金与利息。但是，相较于普通的公司债券，可转债的债券利率相对较低。由于发行公司可以成功地以相对较低的债券利率发行可转债进而降低企业融资成本，因此发行可转债更加受到上市公司的青睐。

可转债成功转股对发行上市公司和可转债投资者来说是一个双赢的结果。

4. 可转债受监管层支持

长期以来，监管层在维护可转债市场健康可持续发展方面做出了卓越的贡献。监管层支持优秀的上市公司通过发行可转债来进行企业融资。

为了深化金融供给侧结构性改革，完善再融资市场化约束机制，增强资本市场服务实体经济的能力，助力上市公司抗击疫情并尽快恢复生产，中国证券监督委员会（简称证监会）在 2020 年 2 月 14 日发布了上市公司再融资制度部分条款调整涉及的相关规则。此次再融资新规的落地，使得定增政策再度放松，在一定程度上会对可转债的供给与规模带来冲击。但是，鉴于可转债的自身优势（发行费低、转股期长、无锁定期等特点）以及近两年可转债规模的逐渐扩容，市场与投资者对可转债供需两端的接受程度明显改善。因此，在再融资新规落地后，可转债供给并不会大幅缩减。监管层一直以来都致力于支持优良的企业进行融资，进而提升企业现有的经营情况，为股东与投资者创造更多的经济价值。

5. 在无法准确判断市场行情时，投资可转债是优选

在投资交易中，投资者主要需要从五个方面对标的进行投资研究与判断，分别为政策面分析、技术面分析、资金面分析、国际局势分析及 A 股国际化进程分析。对于每个因素的具体分析，如下所示。

政策面分析：政策面，主要是指国家的宏观导向与经济政策等方面。在交易市场中，投资者无论是参与短线、中线，还是长线投资，都会受到政策面的影响。因此，准确且及时地对宏观政策进行解读对投资交易很重要。

具体来说，投资者需要从宏观导向方面熟悉国家的经济方针、战略规划及改革措施。投资者对宏观经济政策的理解，主要表现为以下五点。

（1）财政政策：在通常情况下，政府可以通过财政政策对经济进行干预，进而实现对经济波动的逆周期调节，采取适合当前生产力发展的财政政策，有利于实现国家的宏观经济目标。

（2）税收政策：政府可以通过一定的税收政策对经济进行调节，其中的减税政策、印花税政策、规费政策等，都会在很大程度上影响市场交易的成交量。

（3）产业政策：为了引导国家产业发展方向、推动产业结构升级、协调产业结构，以及促进国民经济健康可持续发展，国家会制定相关的产业政策。产业政策的专业性比较强，对投资者的知识储备与认知能力要求较高。

（4）货币政策：货币政策也称为金融政策，是指央行为实现经济目标而采用的控制、调节货币供应量和信用量的政策和措施。常见的货币政策主要有法定准备金率、公开市场业务、贴现政策、基准利率。

（5）对外贸易政策：政府可以通过制定对外贸易政策来促进国家在一定时期内进出口贸易的发展。

技术面分析：技术分析是一种重要的交易工具，投资者可以通过分析标的价格的变动与交易量来评估标的是否具有交易价值。在投资中技术指标具有重要的参考作用，常见的技术指标有均线（MA）、平滑异同平均线（MACD）、相对强弱指标（RSI）、随机指标（KDJ）等。例如，当均线向上发散时，投资者不要逆势做空；当均线向下发散时，投资者不要逆势做多。

资金面分析：宏观政策，特别是货币政策，通常会影响资本市场的长期资金面。当行情呈现上涨趋势时，投资者参与交易的情绪会比较高，此时大量的资金会涌入市场；当行情呈现震荡或下跌趋势时，投资者参与交易的情绪会比较低，此时市场的成交量会比较低迷。此外，市场中存在杠杆资金，如融资融券、大股东质押的杠杆资金等。当行情上涨时，杠杆资金的使用者可以获得不错的投资回报；当行情出现震荡或大幅下跌时，杠杆资金的使用者可能会被动减仓以满足风控要求。当极端情况造成账户出现较大幅度亏损时，证券公司的风控部门可能会对使用杠杆资金的账户进行清仓式卖出的平仓操作。因此，投资者需要谨慎使用杠杆资金。

国际局势分析：国际局势对交易的影响是显而易见的。例如，对于很多投资者来说，2018 年是充满挑战的一年，国际贸易的不稳定使得股票市场一路下跌，丝毫不见止跌回升的迹象。2018 年，上证指数累计跌幅为-24.59%，如图 1-1 所示；深证成指累计跌幅为-34.42%，如图 1-2 所示。在这一年中，很多 A 股投资者起床后的第一件事就是打开手机交易软件看一下前一夜美股的行情，等到 A 股开盘以后，还要关注新加坡 A50 指数、日经 225 指数及中国香港的恒生指数。那时，很多 A 股投资者的股票账户都是浮亏状态，无精打采、心力交瘁似乎成了他们的常态。

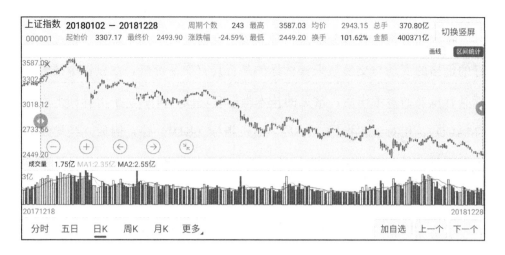

图 1-1　2018 年上证指数日线走势图

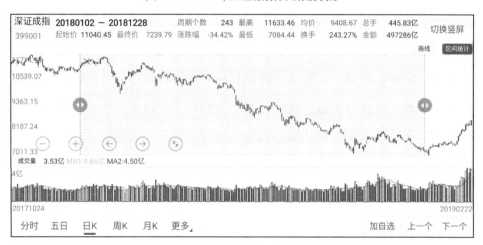

图 1-2　2018 年深证成指日线走势图

A 股国际化进程分析：近年来，中国资本市场国际化进程取得了显著的进步，具体表现为以下三点。

第一，开通沪港通、深港通及沪伦通。随着沪港通与深港通的开通，中国内地和香港的投资者可以通过当地证券公司买卖规定范围内的对方交易所上市的股票，实现了"沪深港"股票市场交易互联互通的机制。同理，也实现了"沪伦"股票市场交易互联互通的机制。

第二，国际三大指数集体纳入 A 股。三大指数指明晟公司 MSCI 指数、富时罗素指数及标普道琼斯指数。具体表现如下。

（1）明晟公司 MSCI 指数：A 股被正式纳入 MSCI 指数，是中国资本市场国际化进程中的重要里程碑。2018 年 3 月，MSCI 中国 A 股指数发布，将追踪的个股限定在"沪股通"和"深股通"范围之内。2018 年 6 月，明晟公司宣布正式将 A 股纳入 MSCI 新兴市场指数，纳入因子为 2.5%。2018 年 9 月，明晟公司将 A 股的纳入因子提高到 5%。2019 年 5 月，明晟公司将 A 股的纳入因子提高到 10%。2019 年 8 月，明晟公司将 A 股的纳入因子提高到 15%。2019 年 11 月，纳入因子被提高到 20%。

（2）富时罗素指数（FTSE Russell）： 2019 年 5 月，富时罗素指数公司宣布将 A 股纳入富时全球指数，并于 2019 年 6 月 21 日收盘后正式生效。2019 年 8 月，富时罗素公布第二批 A 股纳入名单，同时将纳入因子提高到 15%，该变动于 2019 年 9 月 23 日正式生效。

（3）标普道琼斯指数（S&P Dow Jones Indices）：2019 年 9 月，标普道琼斯指数宣布纳入中国 A 股调整名单。同月，标准道琼斯指数将中国 A 股正式纳入标准新兴市场全球基准指数的决定正式生效。

国际三大指数集体纳入 A 股，标志着中国资本市场国际化进程取得了显著的进步，也意味着中国金融市场与国际金融市场的联动性日益增强。

第三，国际知名金融机构纷纷布局 A 股。随着金融开放的有序推进，越来越多的外资金融机构计划进入中国市场，如桥水基金、万事网联、橡树资本、高盛、控股合资证券公司等。

如果投资者能对以上提及的政策面分析、技术面分析、资金面分析、国际局势分析、A 股国际化进程分析掌握得都十分通透，那么他绝对能成为投资领域里的"天选之人"。然而，对于绝大多数普通投资者来说，并不具备能够提前准确研判大势的超能力。因此，当投资者无法准确判断市场行情时，投资可转债是优选，主要原因有以下两点。

第一，投资可转债对投资者择时的要求不高。对可转债投资者来说，择时的要求相对不高。只要选好低可转债价格、低溢价率、到期税后收益率为正的可转债，在持有到期或者临近到期卖出就好。

第二，投资者也不用对行情进行严格的判断。判断股票价格在未来上涨或下跌到某个价位，是一件十分困难的事情。但是，可转债是一种低风险、高收益的投资品种，它的投资收益下有保底（债性）、上不封顶（股性），同时具有看涨期权的特点。可转债的特有属性与重要条款常常有利于投资者，即使可转债的正股股价下跌，持有可转债也可能不亏钱或者盈利。

6. 时间是可转债投资者的朋友

可转债的存续期限是确定的，但行情走势在可转债存续期限内是不确定的。投资者可以在一只可转债的募集说明书与发行公告或发行提示性公告中找到其存续期限，一般可转债的存续期限为 5 年或 6 年。影响可转债存续期限内行情走势的因素主要有六种，具体分析如下。

第一，可转债的债性决定了它具有低风险属性，这在某种程度上可以让可转债投资具有保本属性。本质上，可转债是一种可以到期还本付息的面值为 100 元/张的债券。持有可转债的投资者，每年都会获得一定的利息。可转债持有人持有可转债至到期则可以获得本金与全部利息，这被称为到期收益。可转债的到期收益率越高，其债性保护性就越强，投资者资金的安全性就越高。当可转债价格下跌至纯债价值附近时，大概率会止跌。随着时间的流逝，可转债价格会慢慢向上走。

在可转债存续期内，只要投资者耐心持有到期税后收益率为正的可转债，到期就可以收回本金与利息。以本钢转债为例，它的存续期为 6 年，6 年的利息分别为 0.6%，0.8%，1.5%，2.9%，3.8%，5.0%，到期赎回价格是 119 元（含第 6 年的利息）。如果投资者持有 1 张面值为 100 元的本钢转债，并持有到期，那么他一共可以收到 28.6 元（税前）的利息，即投资者每年可以获得单利约为 4.77 元。也就是说，投资者每年可以获得约 4.77% 的保底收益率回报，比银行定期存款利息要高。具体计算过程如下：

$$0.6 + 0.8 + 1.5 + 2.9 + 3.8 + 19 = 28.6 \ （元）$$

$$转债单利 = \frac{28.6}{6} \approx 4.77 \ （元/年）$$

由此可见，持有可转债到期在理论上是可以实现保本的，还可以让投资者获得不错的收益。这样看来，时间真的是可转债持有人的好朋友。但是，行情走势在可转债存续期限内实际会如何演绎就是投资者无法提前知晓的事情了。

第二，可转债的股性决定了它具有高收益属性，这在某种程度上可以让可转债具有看涨期权的属性。此时，投资者持有可转债相当于与时间做朋友，只要行情出现大的变动，投资者就可以轻松实现"躺赢"。

第三，可转债的转股属性使投资者可以按照事先约定的条件将可转债转换成正股股票。

第四，在可转债转股期内，向下修正转股价格有利于可转债持有人。在可转债转股期内，如果可转债触发下修条款，那么可转债持有人会获益，并实现"躺赢"。

第五，在可转债回售期内，回售条款有利于可转债持有人。

第六，在可转债转股期内，可转债被强赎有利于以低价格买入的可转债持有者。当股价远远超过约定的转股价格时，发行公司有权按照约定的赎回价格赎回全部未转股的可转债。

综上所述，可转债的存续期限是固定且确定的，但行情走势在可转债存续期限内是不确定的。投资者持有可转债相当于与时间做朋友，只要行情出现大的变动，就可以轻松实现"躺赢"，很容易实现年化15%～20%的投资回报率。但是，投资者一定要有充足的耐心，也要愿意花费足够的时间去等待行情的开启。唯有"守得云开见月明"，才能"静待花开终有时"。财不入急门，千万别着急！

1.3　可转债的类型

1. 到期保本型和到期不保本型

根据持有可转债到期是否保本，可以将可转债分为到期保本型与到期不保本型。如果投资者准备以可转债市价买入某种债券，并且计划持有至该债券期满，那么到期收益率可作为预期收益率；如果投资者已经按某一价格买入了债券并已持有至期满，那么到期收益率就是该只可转债的实际收益率。到期收益率越高，意味着可转债的债性保护性就越强，投资者资金的安全性就越高。

可转债的债性是确定可转债保底收益的属性，通常投资者可以视可转债的纯债价值为它的债底保底线。到期收益率是衡量可转债债性强弱的标准。具体计算公式如下：

$$PV = \frac{C_1}{\left(1+y_1\right)^1} + \frac{C_2}{\left(1+y_2\right)^2} + \frac{C_3}{\left(1+y_3\right)^3} + \cdots + \frac{C_n}{\left(1+y_n\right)^n}$$

其中，

- PV（Present Value）：指可转债的现值（也称为折现值或者贴现值），即未来现金流以合适的折现率贴现后的价值，常被用来考虑货币的时间价值因素。在这里，我们可以理解为可转债的未来现金流贴现到现在的数值。

- C：指每期的现金流。

- y：到期收益率。

如果投资者买入到期收益率大于零的可转债，那么该只可转债就属于到期保本型。此时，投资者还需要考虑可转债的利息所得税。根据税务部门的有关规定，对于持有可转债的个人投资者和证券投资基金债券持有人，可转债利息所得税由证券公司等兑付派发机构按 20%的税率代扣代缴。也就是说，当到期收益率大于零时，投资者还需要计算一下到期税后收益率，要尽量避开到期税后收益率为负的可转债。

在集思录网站的实时可转债数据中，投资者可以找到可转债的"到期税前收益"（图 1-3）。将它们按照由高到低排序，投资者可以找到到期税前收益较高的可转债（图 1-4）。

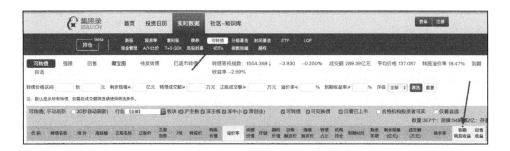

图 1-3　在集思录中查找可转债的"到期税前收益"

换手率	到期 税前收益	回售 收益	双低
1.04%	9.22%	购买	200.92
0.73%	5.88%	购买	126.63
0.77%	4.94%	购买	141.17
0.21%	4.49%	购买	185.42
0.57%	3.69%	购买	210.74
0.12%	3.64%	购买	205.25
0.00%	3.48%	购买	211.42
0.13%	3.46%	购买	196.42
0.92%	3.33%	购买	138.95
0.13%	3.33%	购买	179.27
0.08%	3.25%	购买	202.95
0.11%	3.23%	购买	137.04
0.07%	3.21%	购买	169.63
0.39%	3.05%	购买	132.24

图 1-4　由高到低对到期税前收益进行排序

如果投资者想要知道一只可转债的到期税后收益率，则可以点击可转债代码查看它的详细信息。以小康股份的小康转债为例：小康转债到期税前收益率为 3.29%，到期税后收益率为 2.65%，如图 1-5 所示。如果投资者想要持有到期保本型的可转债，那么就应该选择到期税后收益率大于零的。

小康转债 - 113016 (正股：小康股份 - 601127　行业：汽车-汽车整车-乘用车)					
价格：99.79	转股价值：54.65	税前收益：3.29%		成交(万)：689.59	
涨幅：0.14%	溢价率：82.60%	税后收益：2.65%		剩余年限：3.164	
转股起始日	2018-05-11	回售起始日	2021-11-06	到期日	2023-11-06	发行规模(亿)	15.000
转股价	15.70	回售价	100.00	赎回价	106.00	剩余规模(亿)	8.812
股东配售率	89.39%	转股代码	191016	质押代码	-	债券评级	AA
网上中签率	0.0029%	已转股比例	41.25%	折算率	0.000	主体评级	AA
担保	无担保						
转股价下调	在本次发行的可转债存续期间，当公司股票在任意连续二十个交易日中至少有十个交易日的收盘价低于当期转股价格的 90%时						
强制赎回	在本次发行的可转债转股期内，如果公司 A 股股票连续三十个交易日中至少有十五个交易日的收盘价格不低于当期转股价格的 130%（含 130%）；						
回售	本次发行的可转债最后两个计息年度，如果公司股票在任何连续三十个交易日的收盘价格低于当期转股价格的 70%时						
利率	第一年 0.30%、第二年 0.50%、第三年 1.00%、第四年 1.50%、第五年 1.80%、第六年 2.00%						
税前YTM 计算公式	$1.80/(1+x)^{2.164} + 1.50/(1+x)^{1.164} + 1.00/(1+x)^{0.164} + 106.000/(1+x)^{3.164} - 99.7900 = 0$						

图 1-5　截至 2020 年 9 月 7 日收盘小康转债的到期收益率

如果投资者买入到期收益率小于零的可转债，那么该只可转债就属于到期不保本型。对于致力于寻求低风险保本的投资者来说，要尽量避开到期收益率为负的可转债。

2. 保守型、稳健型和积极型

根据投资者的风险承受能力，可以将投资者分为保守型投资者（低风险）、稳健型投资者（中风险）和积极型投资者（高风险）。这些投资者在选择可转债类型时，可以对应选择保守型可转债、稳健型可转债及积极型可转债。具体如下。

保守型投资者，主要为低风险投资者，其投资目标是让资产保本增值。这类投资者的投资风格比较保守，能够承受的资产变动幅度比较小。因此，他们适合选择保守型可转债，偏向于配置债性强的可转债。

　　稳健型投资者，主要为中风险投资者，其投资目标是获得较为稳健的投资收益，能够承受一定的风险。因此，他们适合选择稳健型可转债，偏向于配置既有一定债性又有一定股性的中性可转债。

　　积极型投资者，主要为高风险投资者，其投资目标是让资产获得较大幅度的增值。这类投资者的风险偏好比较高，也能承受比较大的投资风险。因此，他们适合选择积极型可转债，偏向于配置股性强的可转债。但是，这样的可转债已然失去了其债性保底的优势，投资者需要具备充足的风险意识。

第 2 章

2

可转债的基础知识

2.1 可转债的基本要素

可转债的基本要素包括可转债的发行时间、债券简称、债券代码、发行规模、发行数量、票面金额、发行价格、债券期限、票面利率、付息的期限和方式、担保事项、转股期、初始转股价格、转股价格向下修正条款、转股股数的确定方式、赎回条款、回售条款等，以上要素均可以在公开发行可转债募集说明书与发行公告中找到。

此外，投资者可以在集思录网站上查找全部可转债的数据（图 2-1）。按照可转债代码由低到高排序，我们可以看到航信转债位于首位（图 2-2）。以核建转债为例，投资者可以通过代码定位到具体的可转债名称（图 2-3）。通过单击代码，就可以看到可转债的基本要素，如图 2-4 所示。

图 2-1　集思录网站查找可转债数据

代码	转债名称	现价	涨跌幅	正股名称	正股价	正股涨跌	PB	转股价	转股价值	溢价率
110031	航信转债	112.050	-0.19%	航天信息 R	17.69	1.09%	2.85	21.56*	82.05	36.56%
110033	国贸转债	114.630	0.11%	厦门国贸 R	7.06	0.43%	0.52	7.19*	98.19	16.74%
110034	九州转债	116.550	-0.21%	九州通 R	17.85	0.56%	1.83	18.32	97.43	19.62%
110038	济川转债	119.330	0.79%	济川药业 R	24.41	0.29%	3.03	24.27*	100.58	18.64%
110041	蒙电转债	114.970	-0.03%	内蒙华电 R	2.64	-0.75%	1.08	2.69	98.14	17.15%
110042	航电转债	138.270	-0.17%	中航电子 R	19.69	0.41%	4.42	14.12	139.45	-0.85%
110043	无锡转债	118.210	0.95%	无锡银行	5.94	0.17%	0.91	5.79**	102.59	15.23%
110044	广电转债！	307.030	13.73%	广电网络 R	8.86	2.19%	1.73	6.90	128.41	139.10%
110045	海澜转债	100.060	0.68%	海澜之家 R	7.18	5.12%	2.26	11.75	61.11	63.74%
110047	山鹰转债	115.680	-0.14%	山鹰纸业 R	3.24	1.57%	1.05	3.34	97.01	19.25%
110048	福能转债	118.600	-1.28%	福能股份 R	8.27	-1.78%	1.14	8.12	101.85	16.45%
110051	中天转债	123.770	0.65%	中天科技 R	11.25	0.18%	1.62	10.09	111.50	11.00%
110052	贵广转债	115.210	0.55%	贵广网络 R	8.11	0.25%	1.85	7.94	102.14	12.80%
110053	苏银转债	112.500	0.56%	江苏银行 R	6.43	-0.46%	0.54	7.28	88.32	27.38%

数据来源：集思录，时间截至 2020 年 8 月 21 日。

图 2-2　可转债代码由低到高排序

代码	转债名称	现价	涨跌幅	正股名称	正股价	正股涨跌	PB	转股价	转股价值	溢价率
113020	桐昆转债	139.160	-0.59%	桐昆股份 R	16.78	-0.12%	1.56	12.28	136.64	1.84%
113021	中信转债	106.800	0.00%	中信银行 R	5.28	0.38%	0.48	6.98	75.64	41.20%
113022	浙商转债！	122.820	0.30%	浙商证券 R	15.32	0.72%	3.49	12.37	123.85	-0.83%
113024	核建转债	108.850	-1.33%	中国核建 R	8.90	-1.44%	1.50	9.76	91.19	19.37%
113025	明泰转债	116.930	0.75%	明泰铝业	11.63	2.11%	1.00	11.20	103.84	12.61%
113026	核能转债	104.830	0.80%	中国核电 R	4.71	3.97%	1.43	6.08	77.47	35.32%
113027	华钰转债！	129.660	-1.20%	华钰矿业 R	13.04	-1.58%	3.30	10.17	128.22	1.12%
113028	环境转债！	124.960	0.35%	上海环境	12.99	0.23%	1.72	10.36	125.39	-0.34%
113029	明阳转债	129.740	2.16%	明阳智能 R	15.56	1.17%	3.01	12.46	124.88	3.89%

图 2-3　如何定位到具体可转债（以核建转债为例）

核建转债 – 113024（正股：中国核建 – 601611　　行业：建筑装饰–基础建设–其他基础建设）							+自选
价格：109.26		转股价值：90.98		税前收益：0.09%		成交(万)：4242.99	
涨幅：-0.96%		溢价率：20.09%		税后收益：-0.30%		剩余年限：4.630	
转股起始日	2019-10-14	回售起始日	2023-04-10	到期日	2025-04-07	发行规模(亿)	29.960
转股价	9.76	回售价	100.00	赎回价	105.00	剩余规模(亿)	29.957
股东配售率	70.29%	转股代码	191024	质押代码	–	债券评级	AAA
网上中签率	0.0199%	已转股比例	0.01%	折算率	0.690	主体评级	AAA
担保	无担保						
转股价下调	在本次发行的可转债存续期间，当公司股票在任何连续三十个交易日中至少有十五个交易日的收盘价低于当期转股价格的80%时						
强制赎回	在本次发行可转债的转股期内，如果公司股票在任何连续三十个交易日中至少有十五个交易日的收盘价格不低于当期转股价格的130%（含130%）						
回售	本次发行的可转债最后两个计息年度，如果公司股票在任何连续三十个交易日收盘价格低于当期转股价格的70%时						
利率	第一年为0.2%、第二年为0.4%、第三年为1.0%、第四年为1.5%、第五年为1.8%、第六年为2.0%						
税前YTM计算公式	$1.80/(1+x)^{3.630} + 1.50/(1+x)^{2.630} + 1.00/(1+x)^{1.630} + 0.40/(1+x)^{0.630} + 105.000/(1+x)^{4.630} - 109.2600 = 0$						
我的备注	暂无备注，点击添加						

数据来源：集思录，截至 2020 年 8 月 21 日。

图 2-4　核建转债的基本要素

2.2 解读可转债的发行公告

查看可转债的《×××公司公开发行可转换公司债券募集说明书》（简称《募集说明书》）与《×××公司公开发行可转换公司债券发行公告》（简称《发行公告》）或者《×××公司公开发行可转换公司债券发行提示性公告》（简称《发行提示性公告》），是投资者快速且全面了解某只可转债基本情况的方法。投资者可以在交易所网站或者券商交易软件中找到相关的文件。

对于在上海证券交易所（简称上交所）公开发行的可转债，投资者可以参阅可转债募集说明书与发行公告；对于在深圳证券交易所公开发行的可转债，投资者可以参阅可转债募集说明书与发行提示性公告。可转债发行公告的具体名称，如表 2-1 所示。

表 2-1　公开发行可转换公司债券的相关文件名称

交易所名称	可转债发行公告名称
上海证券交易所	《×××公司公开发行可转换公司债券募集说明书》
	《×××公司公开发行可转换公司债券发行公告》
深圳证券交易所	《×××公司公开发行可转换公司债券募集说明书》
	《×××公司公开发行可转换公司债券发行提示性公告》

现在，让我们一起从以下 16 个方面来认真解读一下可转债的发行公告吧！

1. 债券简称与代码

可转换为公司 A 股股票的可转债是本书关注的发行证券的种类。在上海证券交易所发行上市的可转债，代码以 110 或 113 开头；在深圳证券交易所发行上市的可转债，代码以 127（主板）、128（中小板）及 123（创业板）开头。具体的股票代码、可转债代码等信息，投资者可以参考表 2-2 进行了解。

表 2-2　正股与可转债之间的相关代码

股票分类	股票代码	申购代码	配售代码	可转债代码	转股代码
沪市主板	600××	733××	704××	110××	190××
	601××	783××	764××	113××	191××
	603××	754××	753××	1135×	1915×
深市主板	000××	070××	080××	127××	127××
深市中小板	002××	072××	082××	128××	128××
深市创业板	300××	370××	370××	123××	123××

2. 发行规模和发行数量

可转债募集资金总额（俗称：发行规模，单位为万元）与发行数量（计数单位为万手或万张）会在可转债发行公告中明确写明。沪市可转债的交易单位为手（1 手=1000 元），而深市可转债的交易单位为张（1 张=100 元）。二者的关系可以表示如下：

$$1\ 手 = 10\ 张 = 1000\ 元$$

3. 票面金额和发行价格

每张可转债的面值是 100 元，即 1 张 = 100 元。

每张可转债的发行价格也是 100 元，按面值发行。

4. 债券期限

在一般情况下，可转债的存续期限为 5 年或 6 年。

5. 票面利率

可转债的票面利率是很低的。由于可转债存在潜在的盈利空间，因此相较于普通信用债券，可转债的票面利率较低，一般年化收益率只有0.1%～2%。但是，无论可转债的票面利率前几年是多少，都不会影响它后期的盈利情况。

我们以核建转债（正股简称：中国核建）为例，如表2-3所示。

表2-3　核建转债票面利率

存续年限	票面利率	注释
第一年	0.2%	在通常情况下，投资者可以忽略可转债最后一年的票面利率。投资者可以直接查看发行公告中的"赎回条款"，可转债到期赎回价格一般包含最后一年的利息
第二年	0.4%	
第三年	1.0%	
第四年	1.5%	
第五年	1.8%	
第六年	2.0%	

6. 付息的期限和方式

在通常情况下，可转债采用每年付息一次的付息方式，到期归还投资者本金和最后一年利息。关于付息，我们需要理解以下几个重要知识点。

■ 计息起始日：指可转债发行首日。

■ 计息年度：每相邻的两个付息日之间为一个计息年度。

■ 计息年度的利息：简称为年利息，计算的公式如下。

年利息额＝可转债票面总金额×年票面利率

其中，可转债票面总金额是指持有人在计息年度付息登记日持有的可转债票面总金额；当年票面利率可以在募集说明书中找到。

- 付息债权登记日：每年的付息债权登记日为付息日的前一交易日，公司将在每年付息日之后约定的交易日内支付当年利息。如果可转债持有人在付息债权登记日前（含付息债权登记日）申请将可转债转换成公司股票，公司将不再向持有人支付相应计息年度及之后计息年度的利息。

- 付息日：自可转债发行首日起，每满一年的当日，可视为每年的付息日（若遇到节假日或休息日，则顺延至下一个交易日，顺延期间不另付息）。

- 根据税务部门有关规定，对于持有可转债的个人投资者和证券投资基金债券持有人，可转债利息所得税由证券公司等兑付派发机构按 20% 的税率代扣代缴，公司不代扣代缴所得税。

假设投资者持有 10 万元的核建转债，他每个计息年度可以获得的利息额如表 2-4 所示。

表 2-4　核建转债年利息额的计算示例

存续年限	票面利率	年利息额（以可转债票面总金额 10 万元为例）
第一年	0.2%	100000×0.2% = 200
第二年	0.4%	100000×0.4% = 400
第三年	1.0%	100000×1.0% = 1000
第四年	1.5%	100000×1.5% = 1500
第五年	1.8%	100000×1.8% = 1800
第六年	2.0%	注释：在通常情况下，投资者可以忽略可转债最后一年的票面利率。投资者可以直接查看发行公告中的"赎回条款"，可转债到期赎回价格一般包含最后一年的利息

临近可转债付息日，公司会发布相关可转债的《关于"××可转债"××年付息公告》。在公告首页正文开篇处，会有"特别提示"部分，其中可转债持有人可以看到有关付息的重要内容，具体如下。

- "××可转债"将于某日支付上一计息年度的利息××元（含税）/10张。

- 债权登记日：这个信息比较重要，投资者需要关注。

- 除息日。

- 付息日：一般与除息日为同一日。

- 可转债票面利率。

- 凡在债权登记日前买入并持有本期债券的投资者可以享受本次派发的利息，在债权登记日卖出本期债券的投资者不享有本次派发的利息。

7. 担保事项

可转债发行主体及可转债本身的信用评级，均与可转债的担保事项密切相关。可转债的信用评级由高至低排序，可分为5个等级，即AAA级、AA+级、AA级、AA-级及A+级。可转债的跟踪评级报告也需要投资者定期查看。

此外，公司净资产规模的大小与可转债发行的担保事项有关，具体内容如表2-5所示。相同信用评级的两只可转债，如果暂且不考虑其他因素，有担保的可转债比没有担保的要好。

表 2-5　关于提供担保的规定

公司净资产规模	担保事项
公司净资产不低于（即高于或等于）15 亿元	不需要担保
公司净资产低于 15 亿元	需要担保
创业板可转债的发行对公司净资产规模没有要求	不需要担保

8. 转股期

可转债转股期，是指可转债可以转换成相关正股股票的一段时期，即自可转债发行结束之日起满 6 个月后的第 1 个交易日至可转债到期日为止，可参考表 2-6。

表 2-6　可转债进入转股期的起止时间

可转债所处的时间节点	可转债能否转股
可转债发行结束日	可转债尚不能转股
可转债发行满 6 个月	
可转债发行满 6 个月后的第 1 个交易日（节假日顺延）	可转债进入转股期
可转债到期日	

9. 初始转股价格

初始转股价格，是指依照募集说明书事先约定的，将可转换公司债券转换成每股股票所需要支付的价格，可转债的初始转股价格会在可转债发行公告中明确写明。对于初始转股价格的设定，一般要遵守以下几项原则。

■ 不得低于可转债募集说明书公告日前 20 个交易日公司股票交易的均价。

■ 不得低于前一个交易日公司股票交易的均价。

■ 不得低于公司最近一期经审计（通常为经审计的年报）的每股净资产值和股票面值。

小贴士：

根据《中华人民共和国证券法》规定，上市公司需要定期披露季报、半年报及年报。上市公司的季报和半年报披露的净资产数值是不要求经过审计的，而年报披露的数据是要求经过审计的。可转债的初始转股价格不得低于公司最近一期经审计的每股净资产值，这就会使部分股价跌破每股净资产值的上市公司努力在年报披露之前发行可转债。

---

10. 转股价格的调整及计算方式

在通常情况下，当发行可转债的正股公司出现因分红（包括派送股票股利、派送现金股利）、送转（即转增股本）及增发新股或配股使公司股份发生变化时，为了避免正股的非自然变化对可转债投资者造成的影响，公司会对可转债的转股价格进行调整。对于转股价格的调整，可以分以下 5 种情况进行分析。

第一，当派送股票股利或转增股本时，会对转股价格进行调整。

第二，当增发新股或配股时，会对转股价格进行调整。

第三，当上述第一种与第二种情况同时进行时，会对转股价格进行调整。

第四，当派送现金股利时，会对转股价格进行调整。

第五，当上述第一种、第二种、第四种情况同时进行时，会对转股价格进行调整。

当公司出现上述情况时，会按照最终确定的方式对转股价格进行调整。同时，公司会及时披露转股价格调整的公告，并在公告中载明转股价格的调整日期、调整方法及暂停转股的时间。调整后的转股价格不得低于公司最近一期经审计的每股净资产值和股票面值。

转股价格的调整及计算方式较为复杂，如同数学公式的推导过程，投资者可以暂时忽略此处。

11. 转股价格向下修正条款

转股价格向下修正，简称为"下修"。下修转股价格是可转债发行公司的权利而非义务。也就是说，当公司股价满足转股价格向下修正的前提条件时，公司有权利选择是否下修转股价格。

如果上市公司决定下修转股价格，那么其会在指定的信息披露媒体《中国证券报》、《上海证券报》、《证券时报》、《证券日报》、巨潮资讯网（适用于在深圳证券交易所发行的可转债），以及上海证券交易所网站（适用于在上海证券交易所发行的可转债）发布相关的转股价格向下修正公告。

修正后的转股价格，一般要满足以下两个条件。

（1）修正后的转股价格不得低于审议下修转股价格方案的股东大会召开日前 20 个交易日和前一个交易日公司股票的交易均价。

（2）修正后的转股价格不得低于公司最近一期经审计的每股净资产值和股票面值。

上述第一条是强制规定，是所有可转债在进行转股价格下修时都要遵守的规定，而第二条则是某些公司自己的规定。在可转债发行公告中，有的公司并没有明确写明"修正后的转股价格不得低于最近一期经审计的每股净资产值"。也就是说，如果公司要下修转股价格，那么在某种程度上也是可以突破净资产限制的。这一点需要投资者格外注意。

12. 转股股数的确定方式

在转股期间，可转债持有人可以将手中的可转债转换成股票，具体的转股数量可以根据以下公式进行计算：

$$Q = \frac{V}{P}$$

其中，

- Q（Quantity）：指转股数量，采用去尾法取整股数，单位为"股"，转股时不足转换为 1 股的可转债余额，公司将以现金兑付的形式付给可转债持有人。

- V（Value）：指可转债持有人申请转股的可转债票面金额总和，单位为"元"。

- P（Price）：指在申请转股时有效的转股价格，单位为"元/股"。

13. 赎回条款

赎回条款，是指可转债发行公司在特定条件下可以依照可转债募集说明书中的约定，以赎回价格向可转债持有人赎回全部或部分未转股的可转债。换句话说，当股价远远超过约定的转股价格时，发行公司有权按照约定的赎回价格赎回可转债。赎回条款分为到期赎回条款与有条件赎回条款，如表 2-7 所示。

表 2-7　可转债赎回条款的分类

赎回条款分类	具体情况
到期赎回条款	在通常情况下，在本次可转债期满后五个交易日内，公司将以本次可转债票面面值上浮 N%（含最后一期利息）的价格向投资者赎回全部未转股的可转债
有条件赎回条款（强赎）	在可转债转股期内，当公司股价满足约定条件时，有条件赎回条款被触发。公司有权决定按照债券面值加当期应计利息的价格赎回全部或部分未转股的 A 股可转债

有条件赎回条款，具体也分为两种情形，如表 2-8 所示。

表 2-8　有条件赎回条款的两种情形

有条件赎回条款的两种情形	解释说明
当出现"15/30, 130%; 15/30, 120%; 20/30, 130%"等情况时	在转股期内，如果公司股票在任何连续 30 个交易日中至少有 15 个交易日的收盘价格不低于（即高于或等于）当期转股价格的 130%（含 130%），公司就有权按照可转债面值加当期应计利息的价格赎回全部或部分未转股的可转债。这种情况我们可以简称为"15/30, 130%"，以此类推有"15/30, 120%""20/30, 130%"等情况
当可转债未转股余额不足 3000 万元时	当可转债未转股余额不足 3000 万元时，公司有权决定行使可转债的赎回权，对"赎回登记日"登记在册的可转债全部赎回，赎回价格为债券面值加当期应计利息

14. 回售条款

回售条款，是指当可转债进入回售期时，如果正股价格在某一段时期内大幅下跌且远远低于转股价格并达到一定的回售阈值比例，那么可转债持有人可以依照可转债募集说明书中的约定，将可转债以债券面值加当期应计利息的价格全部或者部分回售给发行公司。

回售条款不仅可以保护投资者的利益，还可以降低投资风险，是一个保护投资者的重要可转债条款。回售条款分为有条件回售条款与附加回售条款，如表 2-9 所示。

表 2-9　可转债回售条款的分类

回售条款分类	具体情况
有条件回售条款	在可转债最后两个计息年度，当公司股价满足约定条件时，有条件回售条款被触发。可转债持有人可以依照约定将可转债以债券面值加当期应计利息的价格全部或者部分回售给公司
附加回售条款	当募集资金用途被改变时，附加回售条款容易被触发生效

15. 转股年度有关股利的归属

在股利分配股权登记日（含当日）之前登记在册的所有普通股股东，均可以享受当期股利。其中，普通股股东包括因可转债转股形成的股东与正常在二级市场买入股票的股东。

16. 发行条款

对于可转债发行公告中提及的发行条款，投资者大致需要了解以下 7 点内容。

（1）发行时间。在一般情况下，可转债发行的原股东优先配售日与网上申购日均为 T 日，网下申购日为 T-1 日。

（2）发行对象。可转债的发行对象大致可以分为三类，即发行公司原股东，持有证券账户的自然人、法人、证券投资者基金等，以及机构投资者。具体情况如表 2-10 所示。

表 2-10　可转债的发行对象

发行对象	解释说明
发行公司原股东	向《发行公告》公布的股权登记日收市后登记在册的发行公司所有股东优先配售
持有证券账户的自然人、法人、证券投资基金等	持有中国证券登记结算有限责任公司上海分公司证券账户（适用于在上海证券交易所上市发行的可转债）的自然人、法人、证券投资基金等；持有中国证券登记结算有限责任公司深圳分公司证券账户（适用于在深圳证券交易所上市发行的可转债）的自然人、法人、证券投资基金。本次发行可转债的承销团成员的自营账户不得参与网上申购
机构投资者	持有上交所证券账户（适用于在上海证券交易所上市发行的可转债）的机构投资者；持有深交所证券账户（适用于在深圳证券交易所上市发行的可转债）的机构投资者。本次发行可转债的承销团成员的自营账户不得参与网下申购

（3）发行方式。对于不同的可转债发行对象，可以采取不同的可转债发行方式，具体如表 2-11 所示。

表 2-11　可转债的发行方式

发行对象	发行方式
登记在册的原股东（截至股权登记日收市）	优先配售
社会公众投资者与机构投资者	对于原股东优先配售后的余额部分（含原股东放弃优先配售部分），采用网上发售（向社会公众投资者）与网下配售（向机构投资者）相结合的发行方式

（4）发行地点。可转债的发行地点分为网上发行地点与网下发行地点，如表 2-12 所示。

表 2-12　可转债的发行地点

发行地点	具体介绍
网上发行地点	全国所有与交易所交易系统联网的证券交易网点
网下发行地点	保荐机构（联席主承销商）券商处

（5）锁定期。在通常情况下，发行的可转债是不设定持有期限的，即投资者获得配售的可转债在上市首日就可以在市场上进行买卖交易。如果投资者遇到需要设置锁定期的可转债，则需要参考《关于公开发行有锁定期的 A 股可转换公司债券上市交易的提示性公告》，但这种情况较为少见。

（6）承销方式。可转债由联席主承销商以余额包销的方式承销，对此投资者无须过多了解。

（7）上市安排。当可转债发行结束后，公司会尽快申请可转债在相应的交易所上市。

通过了解以上可转债发行公告中的 16 个方面，投资者可以迅速且全面地了解一只可转债的基本要素与发行情况。

2.3　可转债的重要概念

1. 转股价值

转股价值，是指每张可转债转换成正股并在二级市场中卖出可以获得的交易金额，其计算公式如下：

$$转股价值=\frac{股票现价\times100}{转股价格}$$

其中，

- 股票现价：在交易时间中，股票的实时交易价格，单位为元/股。

- 100：每张可转债的面值为 100 元，这是固定不变的。

- 转股价格：每张可转债可以转换成正股股票的价格，单位为元/股。

- 转股价值：在股票交易时间中，由于股票价格是动态变化的，因此转股价值也是动态变化的，这一点需要投资者注意。

以核建转债为例，2020 年 8 月 21 日，中国核建（正股股票）收盘价格为 8.88 元/股，当期转股价格为 9.76 元/股。依据转股价值的计算公式，我们可以得出：

$$转股价值 = \frac{股票现价 \times 100}{转股价格} = \frac{8.88 \times 100}{9.76} \approx 90.98 \quad (元/张)$$

当然，我们还有一种比较偷懒的办法，就是直接在集思录网站上找到相关可转债的转股价值（图 2-5）。

代码	转债名称	现价	涨跌幅	正股名称	正股价	正股涨跌	PB	转股价	转股价值	溢价率
113576	起步转债	109.120	-0.45%	起步股份	10.19	-3.14%	2.82	10.55	96.59	12.98%
113024	核建转债	109.260	-0.96%	中国核建 R	8.88	-1.66%	1.50	9.76	90.98	20.09%
123028	清水转债	109.712	0.13%	清水源	11.31	2.82%	1.51	11.84	95.52	14.85%

图 2-5　2020 年 8 月 21 日收盘后，核建转债对应的转股价值

当可转债现价低于转股价值时，我们称之为"折价"；当可转债现价高于转股价值时，我们称之为"溢价"。在正常情况下，可转债的价格不会长期处于折价状态。在上述案例中，核建转债的现价为 109.26 元/张，转股价值约为 90.98 元/张，可以看出可转债现价高于转股价值，即属于可转债溢价。

那么，我们应该如何解读可转债的转股价值呢？一般，我们可以利用可转债转股价值来做三件事。

第一，当可转债发行时，我们可以将可转债的发行价格（即 100 元面值）与转股价值进行比较，进而判断该只可转债是否具有申购与配售的价值。当转股价值大于 100 时，可转债处于折价状态，则该只可转债具备申购与配售的价值；当转股价值小于 100 时，可转债处于溢价状态，则该只可转债不具备申购与配售价值。值得注意的是，不管可转债处于折价状态还是溢价状态，投资者都需要关注正股股票的信用评级及其他条款要求。

第二，我们可以用可转债的转股价值来计算可转债的转股溢价率，具体计算公式如下：

$$转股溢价率 = \left(\frac{转债价格}{转股价值} - 1 \right) \times 100\%$$

在 2020 年 8 月 21 日收盘后，核建转债现价为 109.26 元/张，转股价值为 90.98 元/张。根据公式，可以得出核建转债的溢价率约为 20.09%，具体计算过程如下：

$$转股溢价率 = \left(\frac{转债价格}{转股价值} - 1 \right) \times 100\% = \left(\frac{109.26}{90.98} - 1 \right) \times 100\% \approx 20.09\%$$

我们也可以直接在集思录网站上找到相关可转债的转股溢价率，如图 2-6 所示。转股溢价率在折价套利交易策略中是一个关键指标，投资者要特别关注！

代码	转债名称	现价	涨跌幅	正股名称	正股价	正股涨跌	PB	转股价	转股价值	溢价率	纯债价值
113021	中信转债	106.770	-0.03%	中信银行	5.28	0.38%	0.48	6.98	75.64	41.15%	
113022	浙商转债！	121.550	-0.73%	浙商证券	15.28	0.46%	3.48	12.37	123.52	-1.60%	
113024	核建转债	109.260	-0.96%	中国核建	8.88	-1.66%	1.50	9.76	90.98	20.09%	
113025	明泰转债	117.000	0.81%	明泰铝业	11.62	2.02%	1.00	11.20	103.53	12.77%	

图 2-6　2020 年 8 月 21 日收盘后核建转债对应的溢价率

第三，在可转债进入转股期之后，我们可以利用可转债转股价格与转股价值来判断该只可转债是否会触发"有条件赎回（强赎）条款"。以"核建转债"发行公告中的有条件赎回条款为例，"在本次发行可转债的转股期内，如果公司股票在连续三十个交易日中至少有十五个交易日的收盘价格不低于当期转股价格的 130%（含 130%），或未转股金额不足人民币 3000 万元，公司有权按照债券面值加当期应计利息的价格赎回全部或部分未转股的可转债"。也就是说，若在三十个交易日中至少有十五个交易日的可转债转股价值不低于 130 元，则触发可转债强赎条款。此时，投资者需要及时卖出可转债或者进行转股操作，从而避免因强赎而未操作所带来的损失。

2. 转股溢价率

转股溢价率，是指可转债当前市场交易价格相对其转股价值的溢价程度，是衡量可转债是否溢价的关键指标。具体公式如下：

$$转股溢价率 = \left(\frac{转债价格}{转股价值} - 1 \right) \times 100\%$$

现在我们知道了如何计算可转债溢价率，那么我们应该如何解读这个指标呢？理论上，溢价率越低，可转债跟随正股上涨的关联程度就越高，进攻性就越强，相对来说可转债价格越容易上涨；溢价率越高，可转债跟随正股上涨的关联程度就越低，进攻性就越弱，相对来说可转债价格越难以上涨。

我们可以用笛卡尔坐标系中的横轴和纵轴将可转债价格和转股溢价率大致分为四类，即高转债价格、高溢价率（坐标右上方），低转债价格、高溢价率（坐标左上方），低转债价格、低溢价率（坐标左下方），高转债价格、低溢价率（坐标右下方），如图 2-7 所示。对于低风险投资者来说，我们要挑选"双低"（低转债价格、低溢价率）的可转债，尽量避开"双高"（高转债价格、高溢价率）的可转债。

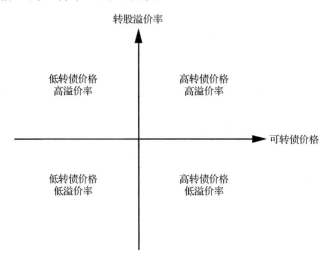

图2-7　笛卡尔坐标系中的可转债价格和转股溢价率关系图

在通常情况下，低价可转债的转股溢价率较高，这是因为可转债具有债性保底的特性，可转债的跌幅会低于同期正股的跌幅。例如，截至2020年8月21日收盘，亚药转债是现存所有可转债中价格最低的，它的溢价率为115.95%（图2-8）。

代码	转债名称	现价	涨跌幅	正股名称	正股价	正股涨跌	PB	转股价	转股价值	溢价率
128062	亚药转债	80.809	-1.45%	亚太药业 R	6.08	-2.72%	5.36	16.25	37.42	115.95%
113527	维格转债	5.170	0.23%	锦泓集团	7.12	0.14%	0.69	9.85*	72.28	1.67%
128023	亚太转债	97.902	-0.02%	亚太股份	5.38	-0.19%	1.51	10.34	52.03	88.16%

数据来源：集思录

图2-8　亚药转债（低转债价格，高溢价率）

当然，高价可转债也存在溢价率高的情况，这说明当时市场对该只可转债的追捧热度较高，如横河转债。截至2020年8月21日收盘，横河转

债属于第三高价可转债，但它的溢价率却是现存所有可转债中最高的，为
437.91%（图 2-9）。在某种程度上，它已经丧失了可转债债性防守的特性，
风险系数较高。

代码	转债名称	现价	涨跌幅	正股名称	正股价	正股涨跌	PB	转股价	转股价值	溢价率
123029	英科转债！	941.785	1.30%	英科医疗	150.50	0.68%	17.45	16.11	934.20	0.81%
113555	振德转债！	550.800	-0.73%	振德医疗	77.40	0.12%	10.66	14.01	552.46	-0.30%
123013	横河转债	446.000	4.21%	横河模具	7.57	0.66%	3.47	9.13	82.91	437.91%
127008	特发转债	333.000	-3.03%	特发信息 R	13.02	-1.59%	3.73	5.54	235.02	41.69%
128043	东音转债	328.000	4.04%	罗欣药业	17.36	1.58%	6.52	6.22*	279.10	17.52%

数据来源：集思录

图 2-9　横河转债（高价可转债，高溢价率）

3. 纯债价值

纯债价值，是指在完全不考虑可转债转股的前提条件下，当持有可转
债到期还本付息时，该可转债能够体现出来的债券价值。换句话说，参照
同等条件下的企业债券收益率，纯债价值是将可转债的未来现金流贴现到
当前的数值上。我们可以参照现金流量贴现法（Discounted Cash Flow
Method, DCF）的基本公式：

$$PV = \sum_{t=1}^{n} \frac{CF_t}{(1+r)^t}$$

其中，

- PV（Present Value）：指现值（也称为折现值或者贴现值），即未来
  现金流以合适的折现率贴现后的价值，是常被用来考虑货币时间价
  值的因素。

- CF_t：指资产（这里指可转债）在 t 时刻产生的现金流。

- n：指时间期限。

- r：指预期现金流的贴现率。

纯债价值只是一个参考值，并不能精确得到，我们只能使用估算的方法。我们可以按照规则计算出债券的价值，然后将它与同等级别的债券进行对比，得出一个参考值。在"中国债券信息网"上，我们可以找到中债价格指标中的"收益率曲线"（图 2-10）。根据可转债的信用评级，可以找到对应评级的企业债券。根据可转债的剩余年限来调整待偿期的长短，进而可以得到期限接近的到期收益率，并将它作为计算可转债纯债价格的贴现率，如图 2-11 所示。

图 2-10　中债收益率曲线

可转债之间是有差异的，鉴于它们每年的票息、剩余期限和信用评级等不同，可转债的纯债价值也存在差异。此外，随着时间的流逝，可转债的剩余期限不断缩短，其纯债价值也会相应地增加。

如果可转债价格跌到纯债价值的附近，投资者可以视纯债价值为一个比较安全的债底。根据可转债的历史数据来看，买入低于公司纯债价值的可转债在极大程度上是能够盈利且安全的。

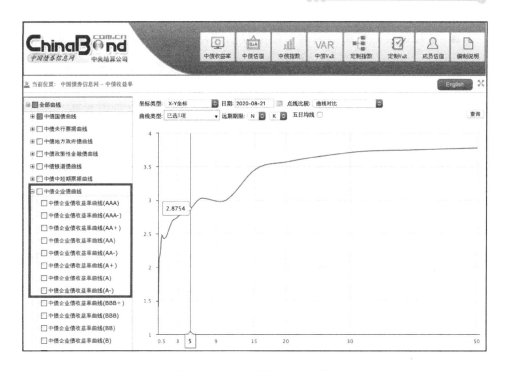

图 2-11　对应评级的企业债券

4. 期权价值

期权，是指一种能在未来某一特定时间内以特定价格买入或者卖出一定数量的某种特定商品的权利。期权可分为看涨期权（认购期权）与看跌期权（认沽期权）两种。可转债具有看涨期权的属性，其期权价值主要由四部分组成，即正股价格上涨、向下修正转股价格、回售、赎回。其中，正股价格的涨跌幅是影响可转债期权价值最重要的因素。可转债的理论价值可以用公式表示为

可转债的理论价值＝纯债价值＋期权价值

其中，

- 纯债价值：指在完全不考虑可转债转股的前提条件下，当持有可转债到期还本付息时，该可转债能够体现出来的债券价值。

■ 期权价值：可转债具有看涨期权的属性，它的期权价值易受正股价格涨跌幅、可转债的下修条款、回售条款及赎回条款的影响。

可转债纯债价值的估算相对简单，只需要考虑债券的基本要素（每年票息、剩余期限、信用评级、同等条件下的企业债券收益率）即可。但是，对可转债期权价值的估算相对比较复杂，需要同时考虑多个具有不确定性的变量。可转债隐含的期权可以理解为奇异期权，投资者无须过多担心这个部分，其可以直接在 Wind 或者集思录上查找。

5. 债性

债性与股性是可转债特有的两大属性。债性，是指可转债作为债券，持有人持有到期可收回本金与利息的特性。具体计算标准公式为：

$$PV = \frac{C_1}{(1+y_1)^1} + \frac{C_2}{(1+y_2)^2} + \frac{C_3}{(1+y_3)^3} + \cdots + \frac{C_n}{(1+y_n)^n}$$

其中，

■ C：指每期的现金流。

■ y：指到期收益率。

通过查看核建转债的基本要素，可以知道可转债现价为 109.26 元/张，剩余年限为 4.63 年（图 2-12）。值得我们注意的是，持有到第六年的剩余年限为 4.63 年，那么持有到第五年的剩余年限就为 3.63 年，持有到第四年的剩余年限为 2.63 年，以此类推。现在，将这些数值代入 YTM 公式中：

$$PV = \frac{C_1}{(1+y_1)^1} + \frac{C_2}{(1+y_2)^2} + \frac{C_3}{(1+y_3)^3} + \cdots + \frac{C_n}{(1+y_n)^n}$$

$$109.26 = \frac{0.40}{(1+y)^{0.630}} + \frac{1.0}{(1+y)^{1.630}} + \frac{1.5}{(1+y)^{2.630}} + \frac{1.8}{(1+y)^{3.630}} + \frac{105}{(1+y)^{4.630}}$$

计算得出 $y \approx 0.09\%$，即税前到期收益率约为 0.09%。投资者也可以直接在集思录网站上查看，如图 2-13 所示。

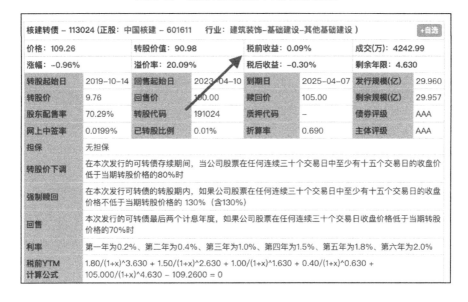

图 2-12　核建转债税前 YTM 计算公式

图 2-13　可转债持有到期税前收益与税后收益

6. 股性

可转债兼具债性与股性两大特性，是一个难得的低风险与高收益兼备的投资工具。可转债的债性和股性就好比跷跷板的两端，有的可转债债性高、股性低，有的可转债债性低、股性高，还有的可转债债性一般、股性也一般，彼此之间互相博弈。当正股价格上涨到一定程度或者向下修正可转债转股价格时，可转债的强债性会转向强股性。

此外，溢价率是衡量可转债股性强弱的标准。当溢价率越低时，可转债价格与正股股票的相关性就越高；反之，当溢价率越高时，可转债价格与正股股票的相关性就越低。

第 3 章

可转债的重要条款

在本章中，通过对可转债的转股价格、向下修正转股价格条款、到期赎回与有条件赎回条款、回售条款及风险揭示书必备条款等重要内容的介绍，我们可以全面地评估一只可转债的安全边际、风险程度及获利空间，进而可以发现潜在的可转债套利机会。

3.1　可转债的转股价格

可转债的转股价格是一个非常重要的概念，与可转债的下修条款、回售条款及赎回条款等息息相关。

1. 转股价格调整

当可转债发行上市时，上市公司会在募集说明书中事先约定一个初始转股价格。但是这个初始转股价格并不是一成不变的，它会根据某些特定的事项进行必要的调整，但它又不同于我们常说的"下修"。通常，在可转债的"转股价格调整的提示性公告"中，投资者可以看到以下几个重要要素。

- 证券代码：正股股票的代码。

- 证券简称：正股股票的名称。

- 债券代码：可转债的代码。

- 债券简称：可转债的名称。

- 调整前转股价格：可转债转股价格调整前的价格，单位为元/股。

- 调整后转股价格：可转债转股价格调整后的价格，单位为元/股。

- 转股价格调整的生效时间：转股价格调整后生效的具体日期。

对于转股价格的调整，可以分为以下 5 种情况。

第一，当派送股票股利或转增股本时，可以依据下述公式进行转股价格的调整。

$$P_1 = \frac{P_0}{1+n}$$

其中，

- P_0：指调整前的转股价格。

- n：指派送股票股利或转增股本率。

- P_1：指调整后的转股价格。

当正股公司因分红、送转调整可转债的转股价格时，由于平价可转债附有复权属性，因此可转债价格不会因为分红与送转而发生大幅波动。对于投资者来说，持有这样的可转债也能间接吃到股息。

第二，当增发新股或配股时，可以依据下述公式进行转股价格的调整。

$$P_1 = \frac{P_0 + A \times k}{1 + k}$$

其中，

- P_0：指调整前的转股价格。

- A：指增发新股价格或配股价格。

- k：指增发新股或配股率。

- P_1：指调整后的转股价格。

以正股为岭南股份的岭南转债为例：2020 年 7 月 31 日，在《关于岭南转债转股价格调整的提示性公告》中，我们可以知道岭南转债调整前的转股价格为 5.90 元/股，调整后的转股价格为 5.91 元/股，转股价格调整的生效时间为 2020 年 7 月 31 日。具体来说，因回购注销部分限制性股票（共计 672.885 万股）及派送现金股利，公司决定对转股价格进行调整，各参数取值如下。

- P_0：5.90 元/股。

- A：4.03 元/股。

■ k：截至 2020 年 7 月 5 日公司总股本为 153548.4287 万股，回售注销部分限制性股票为 672.885 万股。进而可以计算出 k 值，如下：

$$k = \frac{-6728850}{1535484287} \approx -0.00438$$

并将它们代入下列公式，得出：

$$P_1 = \frac{P_0 + A \times k}{1 + k} = \frac{5.90 + 4.03 \times (-0.00438)}{1 + (-0.00438)} \approx 5.91 \ （元/股）$$

即岭南转债调整后的转股价格约为 5.91 元/股。

以正股为英科医疗的英科转债为例：2020 年 7 月 20 日，在《关于英科转债转股价格调整的提示性公告》中，我们可以知道英科转债调整前的转股价格为 16.02 元/股，调整后的转股价格为 16.11 元/股，转股价格调整的生效时间为 2020 年 7 月 22 日。具体来说，公司于 2020 年 7 月 20 日完成 2020 年限制性股票激励计划的授予登记，股权激励限售股登记上市日为 2020 年 7 月 22 日，公司股份总数由 220 192 808 股变更为 221 692 408 股（以 2020 年 6 月 30 日收盘后公司总股本为基数，新增 1 499 600 股）。根据英科转债募集说明书的规定，公司决定对转股价格进行调整，各参数取值如下。

■ P_0：16.02 元/股。

■ A：29.05 元/股。

■ k：截至 2020 年 6 月 30 日收盘后，公司总股本为 221 692 408 股，新增 1 499 600 股。进而可以计算出 k 值，如下：

$$k = \frac{1499600}{220192808} \approx 0.00681$$

并将它们代入下列公式，得出：

$$P_1 = \frac{P_0 + A \times k}{1+k} = \frac{16.02 + 29.05 \times k}{1+k} \approx 16.11 \text{（元/股）}$$

即英科转债调整后的转股价格约为 16.11 元/股。此时，可转债调整后的转股价格高于调整前的转股价格。也就是说，在实际交易中，转股价格存在上调的可能性。

第三，当上述第一种与第二种情况同时进行时，可以依据下述公式进行转股价格的调整。

$$P_1 = \frac{P_0 + A \times k}{1+n+k}$$

第四，当派送现金股利时，可以依据下述公式进行转股价格的调整。

$$P_1 = P_0 - D$$

其中，D 指每股派送现金股利的金额。

以正股为游族网络的游族转债为例：2020 年 8 月 19 日，在《关于游族转债转股价格调整的提示性公告》中，我们可以知道游族转债调整前的转股价格为 17.06 元/股，调整后的转股价格为 16.97 元/股，转股价格调整的生效时间为 2020 年 8 月 25 日。具体来说，根据 2019 年年度股东大会决议，公司决定向全体股东每 10 股派 0.88 元（即每 1 股为 0.088 元）的现金。同时，根据游族转债募集说明书的相关规定，在本次权益分派实施后，游族转债的转股价格由 17.06 元/股调整为 16.97 元/股，调整后的转股价格自 2020 年 8 月 25 日起实施。具体计算过程如下：

$$P_1 = P_0 - D = 17.06 - \frac{0.88}{10} \approx 16.97(\text{元}/\text{股})$$

即游族转债调整后的转股价格约为 16.97 元/股。

再以正股为招商公路的招路转债为例：2020 年 8 月 18 日，在《关于招路转债转股价格调整的提示性公告》中，我们可以知道招路转债调整前的转股价格为 9.09 元/股，调整后的转股价格为 8.81 元/股，转股价格调整的生效时间为 2020 年 8 月 24 日。具体来说，根据 2019 年年度股东大会决议，公司决定向全体股东每 10 股派 2.80 元（即每 1 股 0.280 元）的现金。同时，根据招路转债募集说明书的相关规定，本次权益分派实施后，游族转债的转股价格由 9.09 元/股调整为 8.81 元/股，调整后的转股价格自 2020 年 8 月 24 日起实施。具体计算过程如下：

$$P_1 = P_0 - D = 9.09 - \frac{2.80}{10} = 8.81(元 / 股)$$

即招路转债调整后的转股价格为 8.81 元/股。

第五，当上述第一种、第二种、第四种情况同时进行时，可以依据下述公式进行转股价格的调整。

$$P_1 = \frac{P_0 - D + A \times k}{1 + n + k}$$

还是以岭南股份的岭南转债为例：2020 年 7 月 11 日，在《关于岭南转债转股价格调整的提示性公告》中，我们可以知道岭南转债调整前的转股价格为 5.92 元/股，调整后的转股价格为 5.90 元/股，转股价格调整的生效时间为 2020 年 7 月 17 日。具体来说，因为回购注销限制性股票 1 708 500 股，所以公司决定对转股价格进行调整。同时，公司决定对 2019 年年度权益进行分派，每 10 股派发现金红利 0.22 元（含税）。2020 年 7 月 16 日为权益分派登记日，2020 年 7 月 17 日为除权除息日。根据可转债募集说明书中的规定，本次权益分派实施后，岭南转债的转股价格调整为 5.90 元/股，调整后的转股价格自 2020 年 7 月 17 日起实施。根据公式：

$$P_1 = \frac{P_0 - D + A \times k}{1 + n + k}$$

各参数的取值如下。

- P_0：5.92 元/股；

- D：0.022 元/股；

- A：4.03 元/股；

- n：0；

- k：当期公司总股本为 1 537 183 233 股，回购注销部分限制性股票为 1 708 500 股。进而可以计算出 k 值：

$$k = \frac{1708500}{1537183233} \approx -0.00111$$

并将它们代入公式，得出：

$$P_1 = \frac{P_0 - D + A \times k}{1 + n + k} = \frac{5.92 - 0.022 + 4.03 \times (-0.00111)}{1 + 0 + (-0.00111)} \approx 5.90 (元 / 股)$$

即岭南转债调整后的转股价格约为 5.90 元/股。

2. 转股价格

在通常情况下，我们可以利用可转债的转股价格来做四件事。

第一，利用可转债的转股价格来计算可转债的转股价值。可转债的转股价值是由转股价格与股票价格共同决定的。

以核建转债为例，2019 年 4 月 8 日为核建转债网上申购日，初始转股价格为 9.93 元/股。在同一个交易日，正股中国核建的收盘价格为 9.98 元/股（图 3-1）。根据转股价值的计算公式，可以得出：

$$转股价值 = \frac{股票现价 \times 100}{转股价格} = \frac{9.98 \times 100}{9.93} \approx 100.50 (元 / 张)$$

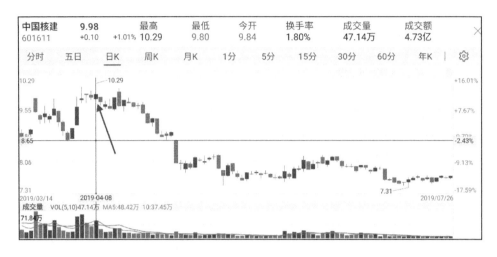

图 3-1　2019 年 4 月 8 日中国核建收盘价格

在网上申购日，核建转债的转股价值约为 100.50 元，大于 100 元，则该只可转债处于轻微折价状态，几乎不影响投资者参与申购和配售。

2019 年 4 月 26 日是核建转债上市的首日，初始转股价格为 9.93 元/股。在同一个交易日，正股中国核建的收盘价格为 8.75 元/股（图 3-2）。根据转股价值的计算公式，可以得出：

$$转股价值 = \frac{股票现价 \times 100}{转股价格} = \frac{8.75 \times 100}{9.93} \approx 88.12(元/张)$$

在上市的首日，核建转债的转股价值约为 88.12 元，小于 100 元，则该只可转债处于溢价状态。

2019 年 4 月 26 日，核建转债上市首日的收盘价格为 103.000 元（图 3-3）。我们将核建转债 2019 年 4 月 26 日的数据代入转股溢价率的公式，得出：

$$转股溢价率 = \left(\frac{转债价格}{转股价值} - 1\right) \times 100\% = \left(\frac{103.00}{88.12} - 1\right) \times 100\% \approx 16.89\%$$

即上市首日核建转债的溢价率约为 16.89%。

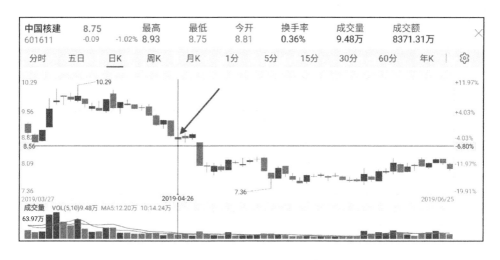

图 3-2　2019 年 4 月 26 日中国核建收盘价格

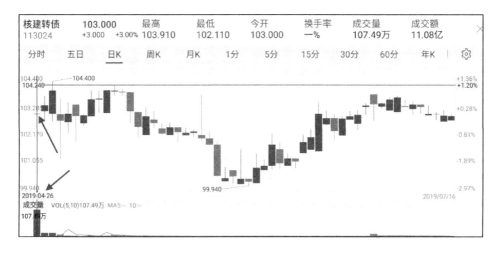

图 3-3　2019 年 4 月 26 日核建转债上市首日收盘价格

再以日月股份的日月转债为例：2020 年 8 月 10 日，日月转债的收盘价格为 151.96 元/张，高于发行价格 51.96%。在同一个交易日，公司股票日月股份的收盘价格为 21.16 元/股（图 3-4）。

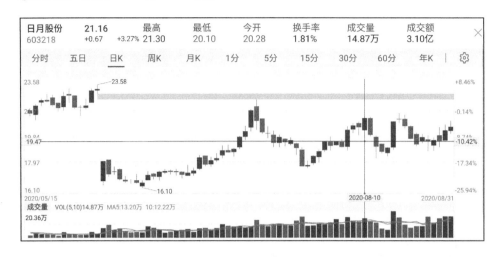

图 3-4　2020 年 8 月 10 日日月股份收盘价格

由日月转债的转股价格为 13.84 元/股，可以计算出日月转债的溢价率约为-0.608%，具体计算过程如下：

$$转股价值 = \frac{股票现价 \times 100}{转股价格} = \frac{21.16 \times 100}{13.84} \approx 152.89(元/张)$$

$$转股溢价率 = \left(\frac{转债价格}{转股价值} - 1\right) \times 100\% = \left(\frac{151.96}{152.89} - 1\right) \times 100\% \approx -0.608\%$$

此时，日月转债的溢价率约为-0.608%。一周后，2020 年 8 月 17 日，日月转债的收盘价格为 149.92 元/张，高于发行价格 49.92%。在同一个交易日，公司股票日月股份的收盘价格为 20.91 元/股（图 3-5）。

由日月转债的转股价格为 13.84 元/股，可以计算出日月转债的溢价率约为-0.768%，具体计算过程如下：

$$转股价值 = \frac{股票现价 \times 100}{转股价格} = \frac{20.91 \times 100}{13.84} \approx 151.08(元/张)$$

$$转股溢价率 = \left(\frac{转债价格}{转股价值} - 1\right) \times 100\% = \left(\frac{149.92}{151.08} - 1\right) \times 100\% \approx -0.768\%$$

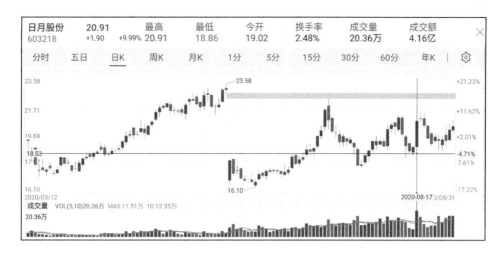

图 3-5　2020 年 8 月 17 日日月股份收盘价格

日月转债的溢价率约为-0.768%，这接近于平价水平。此时，距离日月转债赎回登记日（2020 年 8 月 18 日）仅剩一天。根据赎回安排，在赎回登记日收市后，尚未实施转股的日月转债将会以 100.262 元/张的价格被公司提前赎回。此时，二级市场的交易价格与赎回价格的差异较大，如果投资者不能及时转股或卖出可转债，将会面临较大的亏损风险。

在集思录中，对于待上市的可转债，它的现价、溢价率均为灰色，投资者可以参考这些数据，如图 3-6 所示。

第二，当可转债进入转股期之后，可以利用可转债的转股价格来判断可转债是否会触发"有条件赎回（强赎）条款"。以核建转债发行公告中的有条件赎回条款为例："在本次发行可转债的转股期内，如果公司股票在连续三十个交易日中至少有十五个交易日的收盘价格不低于当期转股价格的130%（含 130%），或未转股金额不足人民币 3000 万元，公司有权按照债券面值加当期应计利息的价格赎回全部或部分未转股的可转债"。这意味着，在转股期内，如果三十个交易日中至少有十五个交易日正股股票的收盘价格不低于当期转股价格的 130%，则可转债强赎条款将被触发。此时，投资者需要及时卖出可转债或者进行转股操作，进而避免因强赎未操作所带来的损失。

代 码	转债名称	现 价	涨跌幅	正股名称	正股价	正股涨跌	PB	转股价	转股价值	溢价率	纯债价值
113599	嘉友转债	100.000	0.00%	嘉友国际	31.37	0.71%	3.60	24.82	126.39	-20.88%	
113038	隆20转债	100.000	0.00%	隆基股份 R	62.96	3.89%	8.05	52.77	119.31	-16.18%	
123064	万孚转债	100.000	0.00%	万孚生物 R	97.20	6.00%	14.34	93.55	103.90	-3.75%	
128130	景兴转债	100.000	0.00%	景兴纸业	3.46	0.58%	0.87	3.40	101.76	-1.73%	
113601	塞力转债	100.000	0.00%	塞力斯	17.12	0.00%	2.39	16.98	100.82	-0.81%	
113602	景20转债	100.000	0.00%	景旺电子	34.48	1.38%	5.18	35.28	97.73	2.32%	
128128	齐翔转2	100.000	0.00%	齐翔腾达 R	8.02	1.01%	1.83	8.22	97.57	2.49%	
127021	特发转2	100.000	0.00%	特发信息	11.96	1.53%	3.42	12.33	97.00	3.09%	
110072	广汇转债	100.000	0.00%	广汇汽车	3.88	5.15%	0.84	4.03	96.28	3.86%	
110074	精达转债	100.000	0.00%	精达股份	3.65	-0.82%	1.94	3.80	96.05	4.11%	
128127	文科转债	100.000	0.00%	文科园林	5.44	0.93%	1.10	5.76	94.44	5.89%	
128129	青农转债	100.000	0.00%	青农商行	5.39	1.32%	1.18	5.74	93.90	6.50%	
113600	新星转债	100.000	0.00%	深圳新星	22.04	0.64%	2.33	23.85	92.41	8.21%	
113039	嘉泽转债	100.000	0.00%	嘉泽新能	3.27	0.62%	2.01	3.57	91.60	9.17%	
128126	赣锋转2	100.000	0.00%	赣锋锂业 R	51.40	0.63%	7.89	61.15	84.06	18.96%	
113589	天创转债	101.170	-0.04%	天创时尚	9.25	0.11%	1.85	12.64	73.18	38.25%	

图 3-6　待上市可转债的转股溢价率

投资者可以从以下几个步骤来判断一只可转债是否会触发有条件赎回条款。

第 1 步：投资者需要判断一只可转债是否在转股期内。

第 2 步：确定当期转股价格和当期转股价格的 130%（有些公司是120%，以公告中的具体要求为准）是多少。

第 3 步：确定赎回条款中对交易日天数的具体要求，以及这些交易日对应的收盘价格。

第 4 步：判断该只可转债是否满足有条件赎回条款的要求。

以核建转债为例：根据上述 4 个步骤，我们可以利用核建转债的转股价格来判断它是否会触发有条件赎回条款，具体思路如下。

第 1 步：投资者需要判断一只可转债是否在转股期内。假设现在是 2020 年 8 月 28 日，已知核建转债的转股期为 2019 年 10 月 14 日至 2025 年 4 月 7 日，那么可以判断出该只可转债已进入转股期。

第 2 步：确定当期转股价格和当期转股价格的 130%是多少。2020 年 8 月 28 日，核建转债的转股价格为 9.76 元/股，如图 3-7 所示。那么，当期转股价格的 130%就为 12.688 元/股。

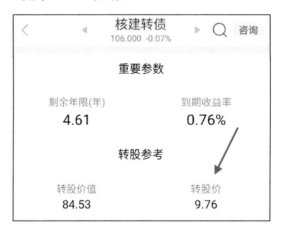

图 3-7　2020 年 8 月 28 日核建转债转股价格

第 3 步：确定赎回条款中对交易日天数的具体要求，以及这些交易日对应的收盘价格。在本次发行核建转债的转股期内，如果公司股票（中国核建）在连续三十个交易日中至少有十五个交易日的收盘价格不低于当期转股价格的 130%（含 130%），则公司有权按照债券面值加当期应计利息的价格赎回全部或部分未转股的可转债。也就是说，自 2020 年 8 月 28 日起，如果符合上述条件，则公司有权以赎回价格提前赎回可转债。

第 4 步：判断该只可转债是否满足有条件赎回条款的要求。如果赎回条款被触发，则公司会发布强赎提示性公告，故投资者需要定期关注公司的公告。如果赎回条款没有被触发，就不需要担心了。

第三，在可转债存续期间，我们可以利用可转债的转股价格来判断可转债是否会触发转股价格向下修正条款。以核建转债发行公告中的转股价格向下修正条款为例："在本次发行的可转债存续期间，当公司股票在连续三十个交易日中至少有十五个交易日的收盘价低于当期转股价格的 80% 时，公司董事会有权提出转股价格向下修正方案并提交公司股东大会审议表决"。此处，需要特别提示投资者，下修转股价格是可转债发行公司的权利而非义务。也就是说，在可转债存续期内，当公司股价满足转股价格向下修正的前提条件时，公司有权利选择下修转股价格，也有权利选择不下修转股价格。

投资者可以从以下几个步骤来判断一只可转债是否会触发转股价格向下修正条款。

第 1 步：投资者需要判断一只可转债是否在存续期内。

第 2 步：确定当期转股价格和当期转股价格的 80%（有些公司是 70% 或其他，以公告中的具体要求为准）是多少。

第 3 步：确定转股价格向下修正条款中对交易日天数的具体要求，以及这些交易日对应的收盘价格。

第 4 步：判断该只可转债是否满足转股价格向下修正条款的要求。

以核建转债为例：根据上述 4 个步骤，我们可以利用核建转债的转股价格来判断它是否会触发转股价格向下修正条款，具体思路如下。

第 1 步：投资者需要判断一只可转债是否在存续期内。假设现在是 2020 年 8 月 28 日，已知核建转债的存续期为 2019 年 4 月 8 日至 2025 年 4 月 7 日，那么可以判断出该只可转债处于存续期内。

第 2 步：确定当期转股价格和当期转股价格的 80% 是多少。2020 年 8 月 28 日，核建转债的转股价格为 9.76 元/股。那么，当期转股价格的 80% 就为 7.808 元/股。

第 3 步：确定转股价格向下修正条款中对交易日天数的具体要求，以及这些交易日对应的收盘价格。在本次发行核建转债的存续期内，如果公司股票（中国核建）在连续三十个交易日中至少有十五个交易日的收盘价格低于当期转股价格的 80%，则公司董事会有权提出转股价格向下修正方案并提交公司股东大会审议表决。也就是说，自 2020 年 8 月 28 日起，如果符合上述条件，则公司有权利选择下修转股价格，也有权利选择不下修转股价格。

第 4 步：判断该只可转债是否满足转股价格向下修正条款的要求。如果下修条款被触发，同时公司选择下修转股价格，那么公司就会发布转股价格调整的提示性公告，故投资者需要定期关注公司的公告。

第四，当可转债进入回售期之后，我们可以利用可转债转股价格来判断该只可转债是否会触发"有条件回售条款"。我们以顺昌转债发行公告中的有条件回售条款为例："本次发行的可转债最后两个计息年度，如果公司股票在任何连续三十个交易日收盘价格低于当期转股价格的 70%，可转债持有人有权将其持有的可转债全部或部分按债券面值加上当期应计利息的价格回售给公司"。也就是说，在可转债回售期内，如果三十个交易日正股收盘价格低于可转债转股价格的 70%，有条件回售条款则会被触发。面对这种情况，投资者要及时进行卖出操作（如果卖出获利的话）或者进行回售登记（如果回售获利的话）。

投资者可以从以下几个步骤来判断一只可转债是否会触发"有条件回售条款"。

第 1 步：投资者需要判断一只可转债是否在回售期内。在通常情况下，可转债的回售期是指可转债最后两个计息年度。但是，不排除个别公司会对回售期进行个性化的约定。

第 2 步：确定当期转股价格和当期转股价格的 70%（有些公司是 80% 或其他，以公告中的具体要求为准）是多少。

第 3 步：确定有条件回售条款中对交易日天数的具体要求，以及这些交易日对应的收盘价格。

第 4 步：判断该只可转债是否满足有条件回售条款的要求。

以顺昌转债为例：根据上述 4 个步骤，我们可以利用可转债转股价格来判断该只可转债是否会触发"有条件回售条款"，具体思路如下。

第 1 步：投资者需要判断一只可转债是否在回售期内。根据顺昌转债的募集说明书与发行公告，我们知道顺昌转债的存续期限为 6 年，即 2016 年 1 月 22 日至 2022 年 1 月 21 日。其中，最后两个计息年度为回售期，即

2020 年 1 月 22 日至 2022 年 1 月 21 日。假设投资者在 2020 年 2 月持有顺昌转债，那么该只可转债是处于回售期内的。

第 2 步：确定当期转股价格和当期转股价格的 70% 是多少。2020 年 2 月，顺昌转债当期转股价格为 9.26 元/股，那么当期转股价格的 70% 为 6.48 元/股。

第 3 步：确定有条件回售条款中对交易日天数的具体要求，以及这些交易日对应的收盘价格。在本次发行顺昌转债的回售期内，如果公司（澳洋顺昌）在任何连续三十个交易日的收盘价格低于当期转股价格的 70%（即 6.48 元/股），那么可转债持有人则有权将其持有的可转债全部或部分按回售价格回售给公司。

第 4 步：判断该只可转债是否满足有条件回售条款的要求。澳洋顺昌的股票自 2020 年 1 月 22 日至 3 月 11 日连续三十个交易日的收盘价格低于当期转股价格的 70%。公司根据其募集说明书的约定，顺昌转债的回售条款生效，回售价格为 100.276 元/张（含税），回售申报期为 2020 年 3 月 19 日至 3 月 25 日。在回售申报期内，顺昌转债的持有人有权选择是否进行回售。

3. 转股期

可转债的转股期，是指可转债可以转换成正股股票的时间区间，即从可转债发行结束之日起满六个月后的第一个交易日至可转债到期日为止。也就是说，对于没有进入转股期的可转债，是不能马上就转换成正股股票的，投资者需要等待六个月才能行使转股的权利。

依然以核建转债为例。在核建转债发行公告中，我们可以看到核建转债的转股期为自可转债发行结束之日（2019 年 4 月 12 日，即募集资金划至发行公司账户之日）起满六个月后的第一个交易日至可转债到期为止，即2019 年 10 月 14 日至 2025 年 4 月 7 日止（如遇法定节假日或休息日顺延至其后的第一个工作日，顺延期间付息款项不另计息）。

当可转债进入转股期时，上市公司会发布可转债开始转股的公告，公告中会明确写出可转债的转股代码、转股简称、转股价格及转股起止日期。例如，在《关于"核建转债"开始转股的公告》中，投资者可以清晰地看到这些信息，如图 3-8 所示。

重要内容提示：

● 可转债转股代码：191024
● 转股简称：核建转股
● 转股价格：9.87 元/股
● 转股起止日期：2019 年 10 月 14 日至 2025 年 4 月 7 日

图 3-8　核建转债开始转股的公告

4. 转股股数

可转债是上市公司发行的一种有价证券，每只可转债对应一只正股股票，每张可转债可以兑换的股票数量为

$$每张可转债可以兑换的股票数量(股)=\frac{100(元/张)}{转股价格（元/股）}$$

假设投资者持有 1 张可转债 A，它的转股价格为 12 元/股，那么投资者可以兑换 8 股股票，不足一股的部分将以现金形式返还到投资者的证券账户。也就是说，如果投资者持有 10 张该可转债，那么他可以兑换 83 股股票。

5. 转股的收益与风险提示

在转股期内，当可转债价格相对正股价格折价时，投资者可以先买入折价可转债，然后以约定价格转换成正股股票。当转股后成本低于正股股价时，投资者卖出正股即可实现折价转股套利。

当可转债价格小于转股价值时，可转债处于折价状态；当可转债价格等于转股价值时，可转债处于平价状态；当可转债价格大于转股价值时，可转债处于溢价状态。因为可转债具有看涨期权的属性，所以绝大部分可转债是溢价的。在转股期内，当可转债相对正股折价时，投资者可以留意折价转股套利机会。当可转债折价幅度越大，转股间隔时间越短时，投资者套利的安全性就越高。在实际交易中，当折价空间大于 2%时，投资者可以考虑折价套利策略。如果溢价率太低，正股股价的波动和手续费会将套利空间磨平，就不值得进行套利操作了。

此外，可转债持有人在进行可转债转股时，需要注意以下四点。

第一，可转债转股的前提是可转债处于转股期内。如果一只可转债的折价率很高，但由于它处于尚未进入转股期的时间段，那么投资者是不能对其进行转股委托的。换言之，投资者只能被动接受可转债价格的上下波动。

第二，可转债可以当日转股，但投资者只能次日卖出转换后的股票。可转债实行当天回转交易制度，即 T+0 交易制度，而股票实行 T+1 交易制度，而次日正股股价的涨跌具有一定的不确定性，故投资者需要忍受一天的正股股价的价格波动。如果次日正股大幅下跌超过转股时的折价幅度，那么投资者的这笔转股委托会以亏损收场。

第三，投资者需要提前查好转股代码，以防收盘前手忙脚乱而错过当日转股操作。深市可转债的转股代码与可转债代码是一致的，而沪市可转债的转股代码与可转债代码不同，可转债持有人需要提前准备好，以防错过当日的转股委托。

第四，可转债折价在2%以上时，投资者要确保正股没有出现重大利空事件。当可转债折价在2%以上时，存在可转债转股套利空间。但是，如果此时正股股价的跌幅较大，甚至出现跌停现象，那么投资者需要谨慎决定是否参与转股委托。因为正股股票有涨跌停的限制，而可转债没有，所以投资者要尽量避开这样的可转债与正股。

第四，如果可转债对应的正股正处于暂停上市期间，则无法保证可转债持有人能够正常转股，这就要求投资者要尽量避开正股质地较差的可转债。

3.2 可转债的下修条款

1. 下修条款是什么？

向下修正可转债转股价格条款，俗称可转债的下修条款，下修转股价格是可转债发行公司的权利而非义务。当公司股价满足转股价格向下修正的前提条件时，公司有权利选择下修转股价格，也有权利选择不下修转股价格。

2. 为什么要下修？

下修条款除了给上市公司和可转债投资者带来好处外，还可以改善公司资产负债率、优化公司资产结构、降低财务费用等。鉴于下修转股价格的诸多优点，当满足转股价格向下修正条款的前提条件时，公司董事会有权利提出向下修正转股价格的方案并提交公司股东大会进行审议表决。当方案通过后，公司会对外发布向下修正可转债转股价格的公告。

3. 董事会有权提议向下修正可转债转股价格

在通常情况下，当可转债募集说明书中的有条件向下修正可转债转股价格条款被触发生效时，公司董事会有权提议向下修正可转换公司债券转股价格的议案，同时提请股东大会授权董事会办理本次向下修正可转债转股价格相关事宜的议案。上述两项议案需要提交股东大会以特别的决议方式审议，在股东大会进行表决时，持有相关可转债的股东应当回避。可转债持有人可以在《关于董事会提议向下修正可转换公司债券转股价格的公告》中找到具体议案的内容，一般包括以下三点：

（1）可转换公司债券的基本情况。

（2）转股价格历次调整的情况。

（3）本次向下修正转股价格的具体内容。

在通常情况下，上市公司会根据可转债募集说明书的约定，决定其可转债转股价格向下修正条款的生效情况。笔者将触发向下修正可转债转股价格条款的前提条件大致归纳总结为 8 种情形。如果投资者对这些有条件向下修正转股价格的触发条件感兴趣，那么可以在本书的附录 A 中查看详细的分析介绍。

4. 向下修正转股价格的公告

当修正转股价格的审议通过后，公司会发布《关于向下修正可转债转股价格的公告》，在该公告中，投资者需要重点关注首页的"重要内容提示"部分，具体内容如下：

- 修正前转股价格。

- 修正后转股价格。

- 本次转股价格调整实施日期。

关于修正后的转股价格，投资者需要注意：修正后的转股价格应不低于本次股东大会召开日前20个交易日公司股票的交易均价和前一交易日的均价之间的较高者。同时，修正后的转股价格不得低于 A 股股票面值。

如果在上述 20 个交易日内发生过转股价格调整的情形，则在转股价格调整日前的交易日按调整前的转股价格和收盘价计算，在转股价格调整日及之后的交易日按调整后的转股价格和收盘价计算。

在可转债发行公告中，有的公司并没有明确写明"修正后的转股价格不得低于最近一期经审计的每股净资产"。也就是说，如果公司要下修转股价格，在某种程度上也是可以突破净资产限制的。

此外，公告正文中包含三部分，即转股价格调整依据、修正转股价格的审议程序及修正后的转股价格，投资者大致了解就可以了。

小贴士：

　　Q：为什么深市的可转债在每个记息年度之内只有一次向下修正股价的权利？A：根据《上市公司证券发行管理办法》第 25 条规定"募集说明书应当约定转股价格调整的原则及方式"，可知可转债在每个计息年度之内有几次向下修正股价的权利是上市公司募集说明书事先约定的，而证监会、交易所对可转债具体的股价修正次数并没有硬性的规定。

3.3　可转债的回售条款

1. 有条件回售条款

　　上市公司根据可转换公司债券募集说明书的约定，来决定其可转债有条件回售条款的生效情况。在有条件回售条件中，回售阈值越高越好。回售阈值越高，说明可转债越容易触发回售。

　　根据对可转债回售条款的理解，笔者将触发有条件回售条款的前提条件大致归纳总结为 4 种情形。如果投资者对这些有条件回售条款的触发前提条件感兴趣，那么可以在本书的附录 B 中查看详细的分析介绍。

2. 附加回售条款

　　当可转债募集资金改变募集用途的时候，附加回售条款容易被触发生效。附加回售条款的描述通常是这样的："若公司本次发行的可转债募集资金投资项目的实施情况与公司在募集说明书中的承诺情况相比出现重大变化，根据中国证监会的相关规定被视作改变募集资金用途或被中国证监会认定为改变募集资金用途的，可转债持有人享有一次回售的权利。"

可转债持有人有权将其持有的可转债全部或部分按债券面值加当期应计利息的价格回售给公司。持有人在附加回售条件满足后，可以在公司公告后的附加回售申报期内进行回售。如果持有人在附加回售申报期内不实施回售，则不能再行使附加回售权。

换句话说，如果公司发行的可转债募集资金投资项目的实施情况与公司在募集说明书中的承诺情况相比出现重大变化，则可转债持有人享有一次回售的权利。在遇到这种情况时，持有人需要在公告时期内（即回售申报期内）按照回售价格进行可转债的回售，不能逾期。在表 3-1 中，我们列举了部分触发附加回售条款的可转债。

表 3-1　触发附加回售条款的部分可转债

时间	正股	附加回售的可转债
2020 年 7 月	裕同科技	关于"裕同转债"的回售
2020 年 5 月	吉林敖东	关于"敖东转债"的回售
2020 年 3 月	久其软件	关于"久其转债"的回售
2020 年 3 月	利欧股份	关于"利欧转债"的回售
2020 年 1 月	航天信息	关于"航信转债"的回售
2019 年 12 月至 2020 年 1 月	亚泰国际	关于"亚泰转债"的回售
2019 年 12 月至 2020 年 1 月	启明星辰	关于"启明转债"的回售
2019 年 9-10 月	盛路通信	关于"盛路转债"的回售
2019 年 6 月	道氏技术	关于"道氏转债"的回售
2019 年 5 月	盛路通信	关于"盛路转债"的回售
2019 年 5 月	寒锐钴业	关于"寒锐转债"的回售
2019 年 4 月	博世科	关于"博世转债"的回售
2019 年 2 月	蓝色光标	关于"蓝标转债"的回售
2018 年 9 月	星源材质	关于"星源转债"的回售

3. 可转债回售的提示性公告

在回售条款生效后、回售申报期开始前，上市公司会在指定的信息披露媒体，以及上海证券交易所网站发布相关的回售公告。

那么，投资者应该如何解析可转债回售的提示性公告呢？在通常情况下，可转债回售的提示性公告的篇幅比较短，大约两三页。在首页上方，提示性公告会写明"证券代码""证券简称""公告编号""可转债代码""可转债简称""转股代码"及"转股简称"。具体如下：

- 证券代码：表示一只股票的代码。

- 证券简称：表示一只股票的简称。

- 公告编号：投资者可以忽略这个编号。

- 可转债代码：表示一只可转债的代码。

- 可转债简称：表示一只可转债的简称。

- 转股代码：表示一只可转债转股时使用的代码。

- 转股简称：表示一只可转债转股时使用的简称。

在正文开篇中，会有"重要内容提示"，投资者可以看到以下内容。

- 回售代码：一般为 6 位数字。

- 回售简称：××回售。

- 回售价格：单位为元/张（回售价格含当期利息），例如，航信转债的回售价格为 100.86 元/张（含当期利息），燕京转债的回售价格为 102 元/张（含当期利息）。

- 回售期：可转债持有人可以进行回售操作的时期，这比较重要。

- 回售资金发放日：上市公司会在回售资金发放日这天给投资者发放资金。

- 回售期内可转债停止转股。

通过阅读可转债的回售公告，投资者可以了解与可转债回售相关的一切信息。

4. 可转债的回售价格

不同的可转债有不同的回售价格，但是回售价格越高越好。一般回售价格是在募集说明书中事先约定好的，具体计算公式如下：

$$回售价格=债券面值+当期应计利息$$

$$当期应计利息=100\times当期票面利率\times\frac{计息天数}{365}$$

其中，

- 债券面值：指每张可转债的票面金额，通常为 100 元/张。

- 当期票面利率：可以在可转债募集说明书中找到每年对应的票面利率，单位为百分比。

- 计息天数：指从上一个可转债付息日起至本计息年度赎回日止的实际日历天数。在计算实际日历天数时，算头不算尾。

在通常情况下，可转债持有人可以在回售的提示性公告中直接找到回售价格，不需要自己计算。

5. 可转债的回售操作

回售的申报：回售期间，持有人在回售申报过程中，需要确认证券简称（通常显示为"某某回售"）、证券代码及回售价格。持有人可以利用回售代码通过上交所或深交所系统报盘的方式实现回售操作，具体的申报方向为"卖出"，每次申请回售的可转债面值数额必须是 1000 的整数倍，如1000 元、2000 元、5000 元或者更多。如果可转债持有人在回售过程中遇到操作失误的情况，也可以及时向上市公司证券事务部或董事会秘书处的相关工作人员进行电话咨询，或者向开户所在的证券公司的投资经理进行专业咨询。

回售的撤单：在回售申报当日是可以撤单的，但回售申报一经确认是不能撤销的。与此同时，相应的可转债数额将被冻结。在可转债回售申报期内，如果在回售申报当日未能申报成功，则可转债持有人可以在次日继续申报。如果持有人在回售申报期内没有及时进行回售申报，则将被视为无条件放弃本次回售权。值得注意的是，可转债回售不具有强制性。可转债持有人可以选择回售部分或全部未转股的可转换公司债券，也有权选择不进行回售。

回售期：只有当可转债处于回售期时，回售条款才能起到保护可转债持有人的作用。当某一可转债触发回售条款时，可转债持有人需要及时关注正股上市公司发布的"可转债回售的提示性公告"。在提示性公告中，持有人可以看到可转债的回售期。如果持有人在回售申报期内没有及时进行回售申报，则将被视为无条件放弃本次回售权。在回售期满后，上市公司将公告回售结果和回售对公司的影响。

回售权的使用次数：可转债发行公司会在募集说明书中对回售权的使用次数进行约定，但也存在对回售权使用次数缺少约定的情况。在大多数情况下，可转债持有人在每年回售条件首次满足后可按上述约定条件行使一次回售权。换句话说，在一个计息年度，可转债持有人只能行使一次回售权。同时，在首次满足回售条件后，可转债持有人需要在计息年度的回售期间内及时进行回售申报，不能多次行使部分回售权。

回售期间的交易：在通常情况下，可转债在回售期间将继续交易，但停止转股。在同一交易日内，如果可转债持有人同时发出可转债"卖出指令"和"回售指令"，那么系统将优先处理"卖出指令"。但是，如果回售导致可转换公司债券流通面值总额少于3000万元人民币，那么可转债将继续交易，待回售期结束后，上市公司将发布相关公告。在发布公告的三个交易日后，相关可转债将停止交易。值得注意的是，在同一交易日内，如果可转债持有人同时发出交易、回售、转股（针对回售期间没有停止转股的情况）、转托管等交易指令中的两项或两项以上交易指令申请时，系统将按以下顺序处理交易指令申请：交易、回售、转股、转托管。

回售款项的支付方法：当可转债持有人完成回售申报后，上市公司将委托中国证券登记结算有限责任公司（简称中登公司）上海分公司或者深圳分公司通过其资金清算系统进行清算交割。发行可转债的上市公司将按照回售价格买回要求回售的可转债，按照中国证券登记结算有限责任公司上海分公司（针对在上交所发行的可转债）或深圳分公司（针对在深交所发行的可转债）的有关业务规则，回售资金的发放日会在可转债回售的提示性公告中明确写明，投资者耐心等待即可。

回售过程中的风险提示：可转债持有人进行回售登记的，如果出现回售资金不能及时足额到位的情况，则已经申请回售登记的可转债将会被冻结，将无法进行转股及交易。虽然公司会积极筹备回售资金，但可能会存在回售资金不足的风险。针对这种情况，建议投资者尽量选择优良公司发行的可转债。

3.4　可转债的赎回条款

1. 到期赎回条款

根据可转债募集说明书中到期赎回条款的约定，投资者可以知道持有一只可转债到期的赎回价格为多少，如海澜转债的赎回价格为 108 元/张（图 3-9），中信转债的赎回价格为 111 元/张（图 3-10），以及浦发转债的赎回价格为 110 元/张（图 3-11）。在通常情况下，在可转债期满后的五个交易日内，公司将以本次可转债票面面值上浮 N%（含最后一期利息）的价格向投资者赎回全部未转股的可转债。

海澜转债 – 110045（正股：海澜之家 – 600398 行业：纺织服装–服装家纺–男装）							+自选
价格：99.60		转股价值：60.85		税前收益：2.91%		成交（万）：620.41	
涨幅：0.20%		溢价率：63.68%		税后收益：2.36%		剩余年限：3.866	
转股起始日	2019-01-19	回售起始日	2022-07-13	到期日	2024-07-13	发行规模（亿）	30.000
转股价	11.75	回售价	100.00	赎回价	108.00	剩余规模（亿）	29.498
股东配售率	54.10%	转股代码	190045	质押代码	–	债券评级	AA+
网上中签率	1.0198%	已转股比例	1.67%	折算率	0.000	主体评级	AA+
担保	无担保						
转股价下调	在本次发行的可转换公司债券存续期间，当公司 A 股股票在任意连续三十个交易日中至少有十五个交易日的收盘价低于当期转股价格的 85%时						
强制赎回	在本次发行的可转换公司债券转股期内，如果公司 A 股股票连续三十个交易日中至少有十五个交易日的收盘价格不低于当期转股价格的 130%（含 130%）						
回售	本次发行的可转换公司债券最后两个计息年度，如果公司 A 股股票在任何连续三十个交易日的收盘价格低于当期转股价格的 70%时						
利率	第一年为 0.3%、第二年为 0.5%、第三年为 0.8%、第四年为 1.0%、第五年为1.3%、第六年为 1.8%						
税前YTM 计算公式	$1.30/(1+x)^{2.866} + 1.00/(1+x)^{1.866} + 0.80/(1+x)^{0.866} + 108.000/(1+x)^{3.866} - 99.6000 = 0$						

数据来源：集思录。

图 3-9　海澜转债到期赎回价格

中信转债 – 113021（正股：中信银行 – 601998 行业：银行–银行 II–银行 III）							+自选
价格：105.64		转股价值：74.64		税前收益：2.72%		成交（万）：5431.85	
涨幅：−0.19%		溢价率：41.53%		税后收益：1.96%		剩余年限：4.504	
转股起始日	2019-09-09	回售起始日	–	到期日	2025-03-03	发行规模（亿）	400.000
转股价	6.98	回售价	–	赎回价	111.00	剩余规模（亿）	400.000
股东配售率	73.88%	转股代码	191021	质押代码	–	债券评级	AAA
网上中签率	0.0182%	已转股比例	0.00%	折算率	0.700	主体评级	AAA
担保	无担保						
转股价下调	在本次发行的可转债存续期间，当发行人 A 股股票在任意连续三十个交易日中有十五个交易日的收盘价低于当期转股价格的 80%时						
强制赎回	在转股期内，如果公司股票在任何连续 30 个交易日中至少 15 个交易日的收盘价格不低于当期转股价格的 130%（含 130%）						
回售	无此条款						
利率	第一年 0.3%、第二年 0.8%、第三年 1.5%、第四年 2.3%、第五年 3.2%、第六年 4.0%						
税前YTM 计算公式	$3.20/(1+x)^{3.504} + 2.30/(1+x)^{2.504} + 1.50/(1+x)^{1.504} + 0.80/(1+x)^{0.504} + 111.000/(1+x)^{4.504} - 105.6400 = 0$						

数据来源：集思录。

图 3-10　中信转债到期赎回价格

浦发转债 – 110059（正股：浦发银行 – 600000　行业：银行–银行Ⅱ–银行Ⅲ）						+自选
价格：102.96		转股价值：71.21		税前收益：2.72%		成交(万)：10133.97
涨幅：-0.10%		溢价率：44.58%		税后收益：2.08%		剩余年限：5.156
转股起始日	2020–05–06	回售起始日	–	到期日	2025–10–27	发行规模(亿) 500.000
转股价	14.45	回售价	–	赎回价	110.00	剩余规模(亿) 500.000
股东配售率	52.72%	转股代码	190059	质押代码	–	债券评级 AAA
网上中签率	0.3017%	已转股比例	0.00%	折算率	0.680	主体评级 AAA
担保	无担保					
转股价下调	当公司普通股股票在任意连续三十个交易日 中有十五个交易日的收盘价低于当期转股价格的 80% 时					
强制赎回	如果公司普通股股票连续三十个交易日中至 少有十五个交易日的收盘价格不低于当期转股价格的 130%(含 130%)					
回售	无回售					
利率	第一年 0.20%、第二年 0.80%、第三年 1.50%、第四年 2.10%、第五年 3.20%、第六年 4.00%					
税前YTM 计算公式	$3.20/(1+x)^{4.156} + 2.10/(1+x)^{3.156} + 1.50/(1+x)^{2.156} + 0.80/(1+x)^{1.156} + 0.20/(1+x)^{0.156} + 110.000/(1+x)^{5.156} - 102.9600 = 0$					

数据来源：集思录。

图 3-11　浦发转债到期赎回价格

在可转债到期之前，可转债发行公司会发布《关于××转债到期赎回及摘牌的公告》。在可转债到期赎回及摘牌的公告首页，投资者可以看到"重要内容提示"部分，主要包含以下几点内容：

- 可转债到期日和到期赎回债权登记日。

- 到期赎回金额：单位为元/张（含税）。

- 资金发放日。

- 可转债摘牌日：一般与资金发放日为同一天。

以正股为格力地产的格力转债为例：格力转债于 2014 年 12 月 25 日通过上海证券交易所向社会公开发行 9.8 亿元可转债，期限为 5 年（即 2014 年 12 月 25 日至 2019 年 12 月 24 日），2015 年 1 月 13 日起在上交所挂牌交易。根据其可转债募集说明书中赎回条款的约定与可转债到期赎回及摘牌的公告中的信息，投资者可以知道：格力转债到期赎回金额为106元/张（含税），到期赎回债权登记日为2019年12月24日，可转债和转股摘牌日为2019年12月25日。从上市交易到退市摘牌，格力转债的生命历程如图3-12所示。

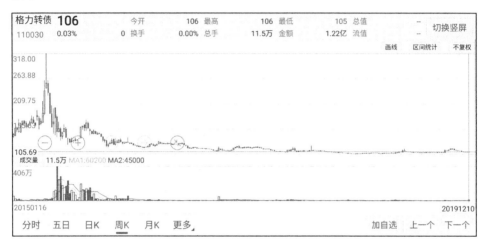

数据来源：东方财富 Choice 数据。

图 3-12　格力转债存续期间周线走势图

在实际的可转债交易中，绝大多数投资者期望上市公司可以提前赎回可转债，而不是到期赎回。

2. 提前赎回条款

根据可转债募集说明书中提前赎回条款的约定，上市公司会决定是否满足其可转债的有条件赎回（即强赎）条件。当某一可转债满足募集说明书中赎回条款的相关规定时，公司董事会会召开会议，并在会中根据约定赎回程序对是否赎回可转债进行讨论。

有的公司会决定对可转债行使赎回权，并发布关于提前赎回可转债的提示性公告。在提示性公告中，持有人可以看到可转债的赎回登记日、赎回价格、赎回款发放日，以及可转债停止交易与转股的日期。投资者需要在规定的时间内进行操作，避免出现不必要的投资损失。有的公司会决定不对可转债行使赎回权，并发布关于本次不对可转债行使赎回权的提示性公告。

在可转债转股期内，当以下两种情形中的任意一种情况出现时，公司有权决定按照债券面值加当期应计利息的价格赎回全部或部分未转股的 A 股可转债。同时，公司将发布关于提前赎回可转债的提示性公告。

情形一：在转股期内，如果公司股票在任何连续 30 个交易日中至少有 15 个交易日的收盘价格不低于当期转股价格的 130%（含 130%），则公司有权提前赎回可转债。

以正股为泰晶科技的泰晶转债为例：公司股票自 2020 年 3 月 30 日至 5 月 6 日期间，在连续 30 个交易日中有 15 个交易日的收盘价格不低于泰晶转债当期转股价格的 130%（23.27 元/股），如图 3-13 所示。根据募集说明书的约定，这已触发泰晶转债的赎回条款。2020 年 5 月 6 日，泰晶科技宣布将以 100.45 元/张的赎回价格提前赎回泰晶转债。5 月 6 日，泰晶转债收盘价为 364.94 元，转股溢价率为 170.83%。此时，泰晶转债的投资者有三种选择：一是等待上市公司以 100.45 元/张的价格赎回，但与 6 日收盘价相比会亏损 72.47%；二是转股，这与 6 日收盘价相比会亏损 63%；三是在二级市场直接亏损卖出。以上无论哪一种选择，投资者都会面临亏损。5 月 7 日，泰晶转债价格累计下跌 47.68%，收于 190.92 元，成交额约为 8000 万元。2020 年 5 月 26 日，是泰晶转债的最后交易日。在图 3-14 中，我们可以看到泰晶转债的"一生"。

通过对泰晶转债案例的分析，投资者可以知道：对于转股期内转股溢价率高的可转债，需谨慎持仓过夜，以避免出现不必要的损失。

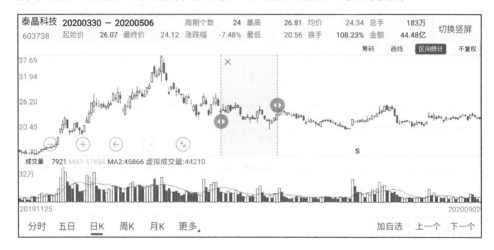

数据来源：东方财富 Choice 数据。

图 3-13　泰晶科技 2020 年 3 月 30 日至 5 月 6 日收盘价格

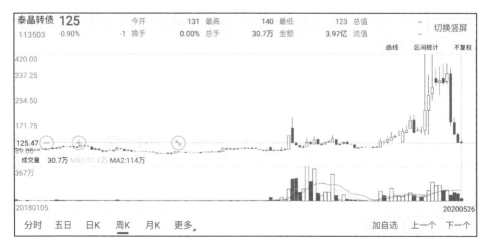

数据来源：东方财富 Choice 数据。

图 3-14　泰晶转债存续期间周线走势图

以正股为高能环境的高能转债为例：公司股票自 2020 年 4 月 1 日至 5 月 19 日期间，在连续 30 个交易日中有 15 个交易日的收盘价格不低于高能转债当期转股价格（9.33 元/股）的 130%（12.13 元/股），如图 3-15 所示。

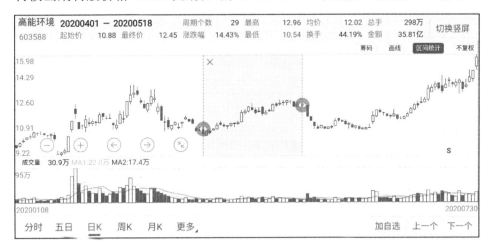

数据来源：东方财富 Choice 数据。

图 3-15　高能环境 2020 年 4 月 1 日至 5 月 19 日收盘价格

根据募集说明书的约定，这已满足高能转债的赎回条款。2020 年 5 月 26 日，高能环境发布关于高能转债赎回及摘牌的公告，公司决定以 100.538 元/张的赎回价格提前赎回在赎回登记日登记在册的全部高能转债。从赎回登记日的次一个交易日起（即 2020 年 6 月 18 日），高能转债将停止交易和转股，并在上海证券交易所摘牌，如图 3-16 所示。

截至 2020 年 5 月 26 日，高能转债转股价值为 118 元/张，转股溢价率接近于零，此时有 52% 的高能转债未被转股，如图 3-17 所示。此外，鉴于高能转债的市场价格与赎回价格的差距较大，提前赎回会导致投资损失。

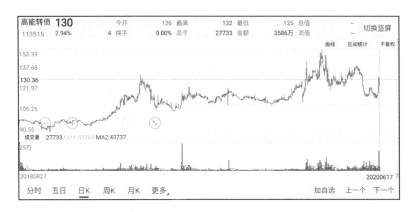

数据来源：东方财富 Choice 数据。

图 3-16　高能转债存续期间日线走势图

高能转债 ✏			113515
	价格	量(手)	纯债YTM
卖五	118.580	30	-1.1973
卖四	118.550	30	-1.1912
卖三	118.500	57	-1.1810
卖二	118.360	2	-1.1523
卖一	118.350	21	-1.1503
买一	118.310	1	-1.1421
买二	118.300	1273	-1.1400
买三	118.260	19	-1.1318
买四	118.030	23	-1.0846
买五	118.000	110	-1.0784
开盘	119.500 / -1.384	最高	119.500 / -1.3845
均价	118.184 / -1.116	最低	117.390 / -0.9526
债券评级	AA	主体评级	AA
期限(年)	6.00	剩余(年)	4.1639
当期票息	0.60%	利率类型	累进利率
应计利息	0.5030	是否担保	
特殊条款	C,P	最近行权日	赎回/回售期内
债券余额(亿)	5.36	未转股比例	52.13%
转股价	9.3300	纯债价值	96.9645
转股价值	118.0064	纯债溢价率	21.92%
转股溢价率	0.26%	交易市场	上海

数据来源：Wind。

图 3-17　高能转债 2020 年 5 月 26 日收盘

　　宝信软件的股票自 2018 年 5 月 23 日至 6 月 12 日连续 30 个交易日内有 15 个交易日的收盘价格均高于宝信转债当期转股价格（18.19 元/股）的 130%（23.65 元/股），如图 3-18 所示。根据募集说明书的约定，宝信转债的赎回条款被有效触发。公司决定以 100.190 元/张的赎回价格提前赎回在赎回登记日登记在册的全部宝信转债。自 2018 年 7 月 9 日起，宝信转债将停止交易和转股，并在交易所摘牌，如图 3-19 所示。

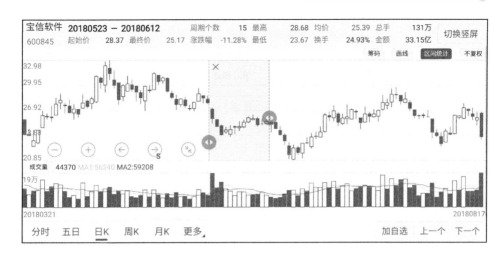

数据来源：东方财富 Choice 数据。

图 3-18　宝信软件 2018 年 5 月 23 日至 6 月 12 日收盘价格

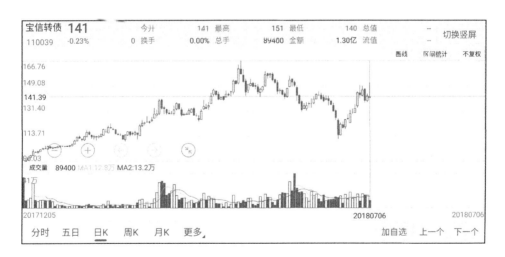

数据来源：东方财富 Choice 数据。

图 3-19　宝信转债存续期间日线走势图

如表 3-2 与表 3-3 所示，分别梳理总结了 2019 年触发提前赎回条款的部分可转债以及 2020 年触发提前赎回条款的部分可转债。

表 3-2　2019 年触发提前赎回条款的部分可转债

正股	提前赎回的可转债	情况描述	赎回价格（元/张）
常熟银行	常熟转债	公司股票自 2019 年 2 月 25 日至 3 月 18 日期间，在连续 30 个交易日中至少有 15 个交易日的收盘价格不低于常熟转债当期转股价格（5.76 元/股）的 130%（7.49 元/股），根据募集说明书的约定，这已满足可转债的赎回条款。公司决定提前赎回"赎回登记日"（2019 年 5 月 16 日）登记在册的全部常熟转债	100.16
鼎信通讯	鼎信转债	公司股票自 2019 年 2 月 22 日至 4 月 4 日期间，在连续 30 个交易日中至少有 15 个交易日的收盘价格不低于鼎信转债当期转股价格（12.65 元/股）的 130%（16.445 元/股），根据募集说明书的约定，这已满足可转债的赎回条款。公司决定提前赎回在赎回登记日（2019 年 4 月 26 日）登记在册的全部鼎信转债	100.014
绝味食品	绝味转债	公司股票自 2019 年 9 月 16 日至 11 月 1 日期间，在连续 30 个交易日中至少有 15 个交易日的收盘价格不低于鼎信转债当期转股价格（28.51 元/股）的 130%（37.063 元/股），根据募集说明书的约定，这已满足可转债的赎回条款。公司决定提前赎回在赎回登记日（2019 年 11 月 21 日）登记在册的全部绝味转债	100.281
大参林	参林转债	公司股票自 2019 年 11 月 21 日至 2020 年 1 月 2 日期间，在连续 30 个交易日中至少有 15 个交易日的收盘价格不低于参林转债当期转股价格（36.50 元/股）130%（47.45 元/股），根据募集说明书的约定，这已满足可转债的赎回条款。公司决定提前赎回在赎回登记日（2020 年 1 月 16 日）登记在册的全部参林转债	100.238
伟明环保	伟明转债	公司股票自 2019 年 12 月 4 日至 2020 年 1 月 15 日期间，在连续 30 个交易日中至少有 15 个交易日的收盘价格不低于伟明转债当期转股价格（17.47 元/股）130%（22.71 元/股），根据募集说明书的约定，这已满足可转债的赎回条款。公司决定提前赎回在赎回登记日（2020 年 2 月 6 日）登记在册的全部伟明转债	100.094

正股	提前赎回的可转债	情况描述	赎回价格（元/张）
安图生物	安图转债	公司股票自 2020 年 1 月 6 日至 2020 年 2 月 3 日期间，在连续 30 个交易日中至少有 15 个交易日的收盘价格不低于安图转债当期转股价格（64.11 元/股）的 130%（83.343 元/股），根据募集说明书的约定，这已满足可转债的赎回条款。公司决定提前赎回在赎回登记日（2020 年 2 月 18 日）登记在册的全部安图转债	100.194
旭升股份	旭升转债	公司股票自 2019 年 12 月 16 日至 2020 年 2 月 4 日期间，在连续 30 个交易日中至少有 15 个交易日的收盘价格不低于旭升转债当期转股价格（29.60 元/股）的 130%（38.48 元/股），根据募集说明书的约定，这已满足可转债的赎回条款。公司决定提前赎回在赎回登记日（2020 年 2 月 27 日）登记在册的全部旭升转债	100.159

表 3-3　2020 年触发提前赎回条款的部分可转债

正股	提前赎回的可转债	情况描述	赎回价格（元/张）
圆通速递	圆通转债	公司股票自 2020 年 1 月 2 日至 2 月 20 日期间，在连续 30 个交易日中至少有 15 个交易日的收盘价格不低于圆通转债当期转股价格（10.73 元/股）的 130%（13.95 元/股），根据募集说明书的约定，这已满足可转债的赎回条款。公司决定提前赎回在赎回登记日登记在册的全部圆通转债	100.27
圣达生物	圣达转债	公司股票自 2020 年 1 月 9 日至 2 月 21 日期间，在连续 30 个交易日中至少有 15 个交易日的收盘价格不低于圣达转债当期转股价格（28.78 元/股）的 130%（37.41 元/股），根据募集说明书的约定，这已满足可转债的赎回条款。公司决定提前赎回在赎回登记日登记在册的全部圣达转债	100.413

正股	提前赎回的可转债	情况描述	赎回价格（元/张）
通威股份	通威转债	公司股票自 2020 年 1 月 14 日至 3 月 3 日期间，在连续 30 个交易日中至少有 15 个交易日的收盘价格不低于通威转债当期转股价格（12.28 元/股）的 130%（15.96 元/股），根据募集说明书的约定，这已满足可转债的赎回条款。公司决定提前赎回在赎回登记日登记在册的全部通威转债	100.499
南威软件	南威转债	公司股票自 2020 年 2 月 12 日至 3 月 3 日期间，在连续 30 个交易日中至少有 15 个交易日的收盘价格不低于南威转债当期转股价格（10.13 元/股）的 130%（13.169 元/股），根据募集说明书的约定，这已满足可转债的赎回条款。公司决定提前赎回在赎回登记日登记在册的全部南威转债	100.347
中科曙光	曙光转债	公司股票自 2020 年 1 月 16 日至 3 月 5 日期间，在连续 30 个交易日中至少有 15 个交易日的收盘价格不低于曙光转债当期转股价格（36.53 元/股）的 130%（47.49 元/股），根据募集说明书的约定，这已满足可转债的赎回条款。公司决定提前赎回在赎回登记日登记在册的全部曙光转债	100.39
高能环境	高能转债	公司股票自 2020 年 4 月 1 日至 5 月 19 日期间，在连续 30 个交易日中至少有 15 个交易日的收盘价格不低于高能转债当期转股价格（10.13 元/股）的 130%（13.169 元/股），根据募集说明书的约定，这已满足可转债的赎回条款。公司决定提前赎回在赎回登记日登记在册的全部高能转债	100.538
福斯特	福特转债	公司股票自 2020 年 5 月 29 日至 6 月 18 日期间，在连续 30 个交易日中至少有 15 个交易日的收盘价格不低于福特转债当期转股价格（28.92 元/股）的 130%（37.60 元/股），根据募集说明书的约定，这已满足可转债的赎回条款。公司决定提前赎回在赎回登记日登记在册的全部福特转债	100.263

正股	提前赎回的可转债	情况描述	赎回价格（元/张）
克来机电	克来转债	公司股票自 2020 年 6 月 18 日至 7 月 10 日期间，在连续 30 个交易日中至少有 15 个交易日的收盘价格不低于克来转债当期转股价格（19.78 元/股）的 130%（25.71 元/股），根据募集说明书的约定，这已满足可转债的赎回条款。公司决定提前赎回在赎回登记日（2020 年 8 月 6 日）登记在册的全部克来转债	100.34
日月股份	日月转债	公司股票自 2020 年 6 月 29 日至 7 月 21 日期间，在连续 30 个交易日中至少有 15 个交易日的收盘价格不低于日月转债当期转股价格（13.84 元/股）的 130%（17.99 元/股），根据募集说明书的约定，这已满足可转债的赎回条款。公司决定提前赎回在赎回登记日登记在册的全部日月转债	100.262
博威合金	博威转债	公司股票自 2020 年 7 月 16 日至 8 月 5 日期间，在连续 30 个交易日中至少有 15 个交易日的收盘价格不低于博威转债当期转股价格（11.29 元/股）的 130%（14.68 元/股），根据募集说明书的约定，这已满足可转债的赎回条款。公司决定提前赎回在赎回登记日登记在册的全部博威转债	100.19
玲珑轮胎	玲珑转债	公司股票自 2020 年 7 月 15 日至 8 月 13 日期间，在连续 30 个交易日中至少有 15 个交易日的收盘价格不低于玲珑转债当期转股价格（18.12 元/股）的 130%（23.56 元/股），根据募集说明书的约定，这已满足可转债的赎回条款。公司决定提前赎回在赎回登记日"登记在册的全部玲珑转债	100.51
顾家家居	顾家转债	自 2020 年 7 月 22 日至 8 月 11 日期间，顾家家居的股价，在连续 30 个交易日中至少有 15 个交易日的收盘价格不低于顾家转债当期转股价格（35.42 元/股）的 130%（46.05 元/股），根据募集说明书的约定，这已触发可转债的赎回条款，公司决定提前赎回在赎回登记日登记在册的顾家转债	100.58

当某一可转债满足其募集说明书中赎回条款的相关内容时，公司董事会会召开会议，并在会中根据约定赎回程序对是否赎回可转债进行讨论。鉴于当时的市场情况与公司的实际情况，有些公司会决定不行使当次可转债的提前赎回权利，即不提前赎回可转债，并发布关于本次不对可转债行使赎回权的提示性公告，如表 3-4 所列举的部分可转债。如果后续再次触发赎回条款，则公司会再次召开会议决定是否行使可转债的提前赎回权利。

表 3-4　触发提前赎回条款但不提前赎回的部分可转债

正股	不提前赎回的可转债	情况描述
天马科技	天马转债	公司股票自 2019 年 3 月 27 日至 4 月 17 日期间，在连续 30 个交易日中至少有 15 个交易日的收盘价格不低于天马转债当期转股价格（7.37 元/股）的 130%（9.58 元/股），根据募集说明书的约定，这已满足可转债的赎回条款
梦百合	百合转债	公司股票自 2019 年 11 月 8 日至 12 月 19 日、2020 年 3 月 26 日至 5 月 7 日、2020 年 6 月 19 日至 7 月 13 日及 2020 年 7 月 14 日至 8 月 3 日期间，在连续 30 个交易日中至少有 15 个交易日的收盘价格不低于百合转债当期转股价格（14.28 元/股）的 130%（18.56 元/股），根据募集说明书的约定，这已满足可转债的赎回条款
科森科技	科森转债	公司股票自 2020 年 1 月 7 日至 2 月 11 日、6 月 22 日至 7 月 14 日期及 7 月 15 日至 8 月 4 日期间，在连续 30 个交易日中至少有 15 个交易日的收盘价格不低于科森转债当期转股价格（8.7 元/股）的 130%（11.31 元/股），根据募集说明书的约定，这已满足可转债的赎回条款
泰晶科技	泰晶转债	公司股票自 2019 年 12 月 13 日至 2020 年 2 月 3 日期间，在连续 30 个交易日中至少有 15 个交易日的收盘价格不低于泰晶转债当期转股价格（17.90 元/股）的 130%（23.27 元/股），根据募集说明书的约定，这已满足可转债的赎回条款

续表

正股	不提前赎回的可转债	情况描述
新泉股份	新泉转债	公司股票分别自 2020 年 6 月 5 日至 6 月 29 日、6 月 30 日至 7 月 20 日及 7 月 21 日至 8 月 10 日期间，在连续 30 个交易日中至少有 15 个交易日的收盘价格不低于新泉转债当期转股价格（14.22 元/股）的 130%（18.49 元/股），根据募集说明书的约定，已满足可转债的赎回条款
艾华集团	艾华转债	公司股票自 2020 年 5 月 27 日至 7 月 9 日期间，在连续 30 个交易日中至少有 15 个交易日的收盘价格不低于艾华转债当期转股价格（21.13 元/股）的 130%（27.47 元/股），根据募集说明书的约定，这已满足可转债的赎回条款
至纯科技	至纯转债	公司股票自 2020 年 6 月 29 日至 7 月 17 日、7 月 20 日至 8 月 7 日期间，在连续 30 个交易日中至少有 15 个交易日的收盘价格不低于至纯转债当期转股价格（29.38 元/股）的 130%（38.19 元/股），根据募集说明书的约定，这已满足可转债的赎回条款。鉴于该只可转债的转股时间相对较短，同时考虑到当时市场情况与公司的实际情况，公司决定暂时不行使至纯转债的提前赎回权利，即不提前赎回至纯转债。此外，至纯科技在不提前赎回可转债的提示性公告中还特别写明，在未来三个月内（即 2020 年 7 月 17 日至 2020 年 10 月 16 日），如触发"至纯转债"的赎回条款，公司都不会提前赎回可转债
振德医疗	振德转债	公司股票自 2020 年 6 月 29 日至 7 月 17 日、7 月 18 日至 8 月 7 日期间，在连续 30 个交易日中至少有 15 个交易日的收盘价格不低于振德转债当期转股价格（14.01 元/股）的 130%（18.21 元/股），根据募集说明书的约定，这已满足可转债的赎回条款。振德医疗在不提前赎回可转债的提示性公告中还特别写明，在未来三个月内（即 2020 年 8 月 8 日至 11 月 7 日），如触发"振德转债"的赎回条款，公司都不会提前赎回可转债

续表

正股	不提前赎回的可转债	情况描述
顾家家居	顾家转债	公司股票自 2020 年 6 月 8 日至 7 月 21 日期间，在连续 30 个交易日中至少有 15 个交易日的收盘价格不低于顾家转债当期转股价格（35.42 元/股）的 130%（46.05 元/股），根据募集说明书的约定，这已满足可转债的赎回条款
仙鹤股份	仙鹤转债	公司股票自 2020 年 6 月 22 日至 7 月 28 日期间，在连续 30 个交易日中至少有 15 个交易日的收盘价格不低于仙鹤转债当期转股价格（13.27 元/股）的 130%（17.25 元/股），根据募集说明书的约定，这已满足可转债的赎回条款
联泰环保	联泰转债	公司股票自 2020 年 6 月 30 日至 8 月 10 日期间，在连续 30 个交易日中至少有 15 个交易日的收盘价格不低于联泰转债当期转股价格（6.11 元/股）的 130%（7.94 元/股），根据募集说明书的约定，这已满足可转债的赎回条款
华钰矿业	华钰转债	公司股票自 2020 年 6 月 30 日至 8 月 10 日期间，在连续 30 个交易日中至少有 15 个交易日的收盘价格不低于华钰转债当期转股价格（10.17 元/股）的 130%（13.22 元/股），根据募集说明书的约定，这已满足可转债的赎回条款
常熟汽饰	常汽转债	公司股票自 2020 年 7 月 7 日至 8 月 17 日期间，在连续 30 个交易日中至少有 15 个交易日的收盘价格不低于常汽转债当期转股价格的 130%（2020 年 7 月 16 日权益分配前为 12.91 元/股，权益分配后为 12.55 元/股）。根据募集说明书的约定，这已满足可转债的赎回条款。同时，公司声明在 2020 年 8 月 18 日至 12 月 17 日期间，若可转债触发赎回条款，公司均不行使可转债提前赎回权利

值得投资者注意的是，在可转债转股期内，并不是所有的公司都要求在任何连续 30 个交易日中至少 15 个交易日的股票收盘价格不低于（即高于或等于）当期转股价格的 130%（含 130%），有些公司要求至少 20 个交

易日的股票收盘价格不低于（即高于或等于）当期转股价格的 130%（含 130%）。

例如，千禾味业的股票自 2020 年 2 月 26 日至 4 月 8 日期间，在连续 30 个交易日中至少有 20 个交易日的收盘价格不低于千禾转债当期转股价格（18.315 元/股）的 130%（23.81 元/股），如图 3-20 所示。根据其募集说明书的约定，这已满足千禾转债的赎回条款。公司决定以 100.471 元/张的赎回价格提前赎回在赎回登记日登记在册的全部千禾转债。从赎回登记日的次一个交易日起（即 2020 年 5 月 29 日），千禾转债将停止交易和转股，并在上海证券交易所摘牌。2020 年 5 月 28 日为千禾转债的最后一个交易日，如图 3-21 所示。截至 2020 年 5 月 27 日收盘，千禾转债转股价值为 207.70 元（图 3-22），与赎回价 100.47 元的差距较大，如果投资者忘记转股，损失可能会超过 50%。

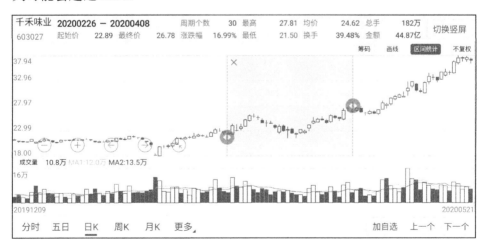

数据来源：东方财富 Choice 数据。

图 3-20　千禾味业 2020 年 2 月 26 日至 4 月 8 日收盘价格

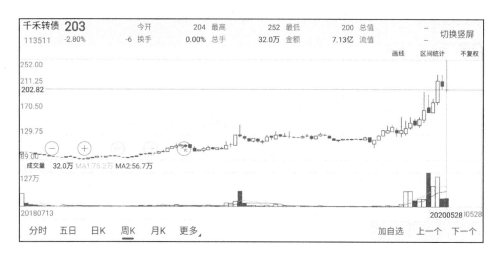

数据来源：东方财富 Choice 数据。

图 3-21 千禾转债存续期间周线走势图

千禾转债 🖊			113511
230.610	16.120	净价	230.1415
	7.52%	纯债YTM	-16.3898 (-153.49
久期	4.01	成交量(手)	10.85万
凸性	28.95	成交金额(万)	26283.07
	价格	量(手)	纯债YTM
卖五	231.880	3	-16.5043
卖四	231.710	9	-16.4890
卖三	231.690	10	-16.4872
卖二	231.100	1	-16.4341
卖一	230.000	250	-16.3346
买一	229.000	9	-16.2436
买二	226.710	6	-16.0333
买三	226.110	61	-15.9778
买四	226.010	6	-15.9685
买五	226.000	203	-15.9676
开盘	214.510 / -14.86	最高	252.000 / -18.218
均价	242.173 / -17.40	最低	214.510 / -14.866
债券评级	AA-	主体评级	AA-
期限(年)	6.00	剩余(年)	4.0656
当期票息	0.50%	利率类型	累进利率
应计利息	0.4685	是否担保	-
特殊条款	C,P	最近行权日	赎回/回售期内
债券余额(亿)	0.19	未转股比例	3.53%
转股价	18.3100	纯债价值	89.6263
转股价值	**207.7007**	纯债溢价率	157.43%
转股溢价率	11.03%	交易市场	上海

数据来源：Wind。

图 3-22 千禾转债 2020 年 5 月 27 日收盘

再以正股为威帝股份的威帝转债为例，公司股票自 2020 年 6 月 22 日至 8 月 4 日，连续 30 个交易日中至少有 20 个交易日的收盘价格不低于威帝转债当期转股价格（3.99 元/股）的 130%（5.19 元/股），如图 3-23 所示。根据募集说明书的约定，这已满足威帝转债的赎回条款。公司决定以 100.109 元/张的赎回价格提前赎回在赎回登记日登记在册的全部威帝转债。从赎回登记日的次一个交易日起（即 2020 年 8 月 31 日），威帝转债将停止交易和转股，并在上海证券交易所摘牌，如图 3-24 所示。由于威帝转债的市场价格与赎回价格的差距较大，因此提前赎回会导致投资亏损。

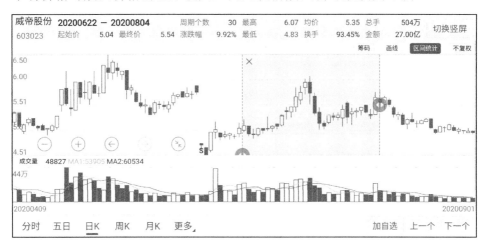

数据来源：东方财富 Choice 数据。

图 3-23 威帝股份 2020 年 6 月 22 日至 8 月 4 日收盘价格

另外，在可转债转股期内，如果公司股票在任何连续 30 个交易日中至少有 15 个交易日的收盘价格不低于（即高于或等于）当期转股价格的 120%（含 120%），公司有权按照可转债面值加当期应计利息的价格赎回全部或部分未转股的可转债。

例如：海尔智家的股票自 2019 年 11 月 1 日至 11 月 21 日，在连续 30

个交易日中至少有 15 个交易日的收盘价格不低于海尔转债当期转股价格
（14.20 元/股）的 120%（17.04 元/股），如图 3-25 所示。根据募集说明书的
约定，这已满足海尔转债的赎回条款。公司决定以 100.20 元/张的赎回价格
提前赎回在赎回登记日登记在册的全部海尔转债。从 2019 年 12 月 17 日起，
海尔转债将停止交易和转股，并在上海证券交易所摘牌，如图 3-26 所示。

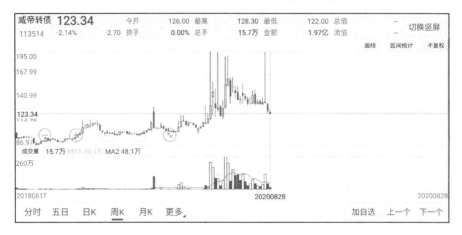

数据来源：东方财富 Choice 数据。

图 3-24　威帝转债存续期间周线走势图

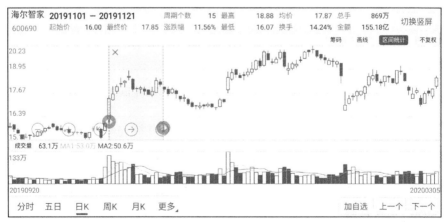

数据来源：东方财富 Choice 数据。

图 3-25　海尔智家 2019 年 11 月 1 日至 11 月 21 日收盘价格

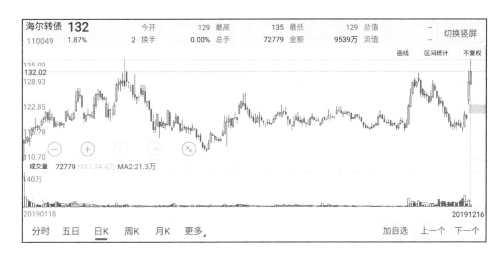

数据来源：东方财富 Choice 数据。

图 3-26　海尔转债存续期间日线走势图

情形二：本次可转债未转股余额不足 3000 万元。

当可转债未转股余额不足 3000 万元时，公司有权决定行使可转债的赎回权，将在赎回登记日登记在册的可转债全部赎回，赎回价格为债券面值加当期应计利息。

以正股为江南水务的江南转债为例：公司在 2019 年 1 月 7 日发布了江南转债回售公告，将在 2019 年 1 月 14 日至 2019 年 1 月 18 日，以 103 元/张（含当期利息）的回售价格回售可转债。据中登上海分公司提供的数据，在回售申报期结束后，江南转债未转股余额为 2405 万元（低于 3000 万元），已触发可转债的有条件赎回条款。赎回登记日为 2019 年 2 月 13 日，赎回价格为 100.912 元/张。2019 年 1 月 29 日，江南转债已停止交易，如图 3-27 所示。

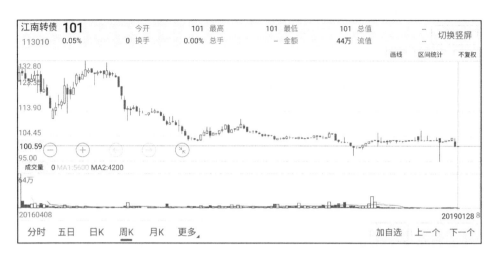

数据来源：东方财富 Choice 数据。

图 3-27　江南转债存续期间周线走势图

┌─ 小贴士： ─────────────────────────────────┐

　　当可转债未转股余额不足 3000 万元时，公司有权决定行使可转债
的赎回权，并以赎回价格将在赎回登记日登记在册的可转债全部赎回。

└───────────────────────────────────────┘

3. 可转债赎回的提示性公告

在赎回条款生效后、赎回期结束前，上市公司会在指定的信息披露媒
体，以及上海证券交易所网站发布相关的赎回提示性公告。

投资者应该如何解析可转债赎回的提示性公告呢？在通常情况下，可
转债赎回的提示性公告的篇幅比较短，在首页上方，提示性公告会写明"证
券代码""证券简称""公告编号""可转债代码""可转债简称""转股代码"，
以及"转股简称"。具体如下。

■　证券代码：表示一只股票的代码。

- 证券简称：表示一只股票的简称。

- 公告编号：投资者可以忽略这个编号。

- 可转债代码：表示一只可转债的代码。

- 可转债简称：表示一只可转债的简称。

- 转股代码：表示一只可转债转股时使用的代码。

- 转股简称：表示一只可转债转股时使用的简称。

在首页正文开篇，会有"重要内容提示"部分，可转债持有人可以看到以下内容。

- 赎回登记日：较为重要，需要投资者重点关注。在赎回登记日（含当日）收市前，可转债持有人可选择在债券市场继续交易，或者以转股价格将可转债转为公司股份。

- 赎回价格：单位为元/张（债券面值加当期应计利息）。

- 赎回款发放日：上市公司会在赎回资金发放日这天给投资者发放资金。

- 赎回登记日的次一个交易日，该可转债将停止交易和转股；本次提前赎回完成后，该可转债将在相应的交易所摘牌（在赎回发行在外的全部可转债时）。

4. 可转债的赎回价格

赎回价格是在可转债募集说明书中事先约定好的，具体计算公式如下：

$$赎回价格=债券面值+当期应计利息$$

$$当期应计利息=100 \times 当期票面利率 \times \frac{计息天数}{365}$$

其中，

- 债券面值：指每张可转债的票面金额，通常为 100 元/张。

- 当期票面利率：可以在可转债募集说明书中找到每年对应的票面利率，单位为百分比。

- 计息天数：指从上一个可转债付息日起至本计息年度赎回日止的实际日历天数。在计算实际日历天数时，算头不算尾。

在通常情况下，可转债持有人可以在赎回的提示性公告中直接找到赎回价格，不需要自己计算，其中到期赎回价格包含最后一年的利息。此外，根据税务部门的有关规定，对于持有可转债的个人投资者和证券投资基金债券持有人，可转债利息所得税由证券公司等兑付派发机构按 20%的税率代扣代缴，公司不代扣代缴所得税，具体内容如下。

- 纳税人：持有本期债券的境内个人投资者与证券投资基金债券持有人。

- 征税对象：本期债券的利息所得。

- 征税税率：按利息额的 20%进行征税。

- 征税环节：个人投资者与证券投资基金债券持有人在付息网点领取利息时由付息网点一次性扣除，无须自己手动操作。

- 代缴代扣义务人：负责本期债券付息工作的付息网点。

■ 本次债券利息税的征管部门：各付息网点所在地的税务部门。

因此，实际赎回价格（税后）的计算公式为

$$实际赎回价格税后=债券面值+当期应计利息×(1-20\%)$$

$$当期应计利息=100×当期票面利率×\frac{计息天数}{365}$$

境外投资者的缴税情况，不在本书中进行讨论。

5. 可转债的赎回操作

赎回的操作：当公司发布相关的赎回提示性公告后，在赎回登记日收市前，可转债持有人可选择在债券市场继续交易，或者以转股价格将可转债转为公司股票。在赎回登记日收市后，所有在中登公司登记在册的某一可转债将全部被冻结，停止交易和转股且强制赎回。当可转债赎回完成后，相关的可转债将在交易所摘牌。如果可转债持有人在赎回过程中遇到操作失误的情况，可以及时向上市公司证券事务部或董事会秘书处的相关工作人员进行咨询，也可以联系债券主承进行专业咨询，还可以向所在的证券公司的投资经理进行专业咨询。

赎回的对象：一般是赎回登记日收市后在中登上海分公司或者中登深圳分公司登记在册的某一可转债的全部持有人。

赎回期：可转债的赎回期与转股期是相同的，只有进入赎回期的可转债才能进行赎回。待赎回结束后，上市公司将会在《中国证券报》《上海证券报》《证券时报》等公告赎回结果和赎回对公司的影响。

赎回权的使用次数：提前赎回是可转债发行人的权利，对可转债持有人具有强制性。如果正股公司对可转债进行强赎，那么投资者需要在规定的时间内将手中持有的可转债进行转股操作或者进行卖出操作。如果投资者忘记转股或卖出，那么其持有的可转债将会被上市公司以赎回价格强制赎回。

当某一可转债满足其募集说明书中赎回条款的相关内容时，公司董事会会召开会议，并在会中根据约定赎回程序对是否赎回可转债进行讨论。有的公司会决定不对可转债行使赎回权，并发布关于本次不对可转债行使赎回权的提示性公告。有的公司会决定对可转债行使赎回权，并发布关于提前赎回可转债的提示性公告。在提示性公告中，持有人可以看到可转债的赎回登记日、赎回价格、赎回款发放日，以及可转债停止交易与转股的日期。投资者需要在规定的时间内进行操作，以免出现不必要的投资损失。

赎回期间的交易与转股：在通常情况下，在赎回登记日前（含当日），可转债持有人可按公司可转债面值（100 元/张）以当前的转股价格将可转债转为公司股份（具体转股操作建议持有人在申报前咨询账户所在的证券公司）。从赎回登记日的次一个交易日起，可转债将停止交易与转股，并将在相应的证券交易所摘牌。

赎回款项的发放方法：当可转债满足赎回条件后，上市公司将委托中登上海分公司（针对在上交所发行的可转债）或中登深圳分公司（针对在深交所发行的可转债）通过其资金清算系统向赎回日登记在册并在上交所（或者深交所）各会员单位办理指定交易的持有人派发赎回款，同时记载持有人相应的可转债数额。已办理全面指定交易的投资者可在赎回款发放日在其指定的证券营业部领取赎回款，未办理指定交易的投资者的赎回款会暂时由中登公司保管，待办理指定交易后再进行派发。赎回款的发放日会在可转债赎回的提示性公告中写明，投资者耐心等待即可。

强制赎回的风险提示： 可转债赎回价格几乎接近于可转债面值，可能与可转债的市场价格存在较大差异。如果可转债持有人不及时操作，可能就会遭受重大损失。基于此，特别提醒可转债持有人要在赎回登记日之前或当日完成交易（即卖出可转债）或转股，否则可能会面临较大的资金损失。

以正股为日月股份的日月转债为例，在它的强赎公告中，可转债持有人要特别关注以下内容。

- 赎回登记日：2020 年 8 月 18 日（投资者要特别注意这个日期）。

- 赎回价格：100.262 元/张。

- 赎回款发放日：2020 年 8 月 19 日。

- 自赎回登记日的次一个交易日起（2020 年 8 月 19 日），日月转债将停止交易和转股；在本次提前赎回完成后，日月转债将在上海证券交易所摘牌。

- 截至 2020 年 8 月 18 日收市，尚未实施转股的日月转债将按照 100.26 元/张的价格提前赎回，因目前二级市场价格与赎回价格差异较大，投资者如未及时转股或未卖出可转债，可能面临亏损。

2020 年 8 月 10 日，日月转债收盘价格为 151.96 元/张，高于面值 51.96%。在同一个交易日，公司股票日月股份的收盘价格为 21.16 元/股。鉴于日月转债的转股价格为 13.84 元/股，股价较可转债转股价溢价约 52.89%，具体计算过程如下所示。投资者需要注意可转债的市场交易风险。

$$股价较转债转股价溢价率=\left(\frac{股票收盘价格}{转债转股价格}-1\right)\times100\%$$

$$=\left(\frac{21.16}{13.84}-1\right)\times100\%$$

$$\approx52.89\%$$

2020 年 8 月 17 日，日月转债收盘价格为 149.92 元/张，高于面值的 49.92%。在同一个交易日，公司股票日月股份的收盘价格为 20.91 元/股。鉴于日月转债的转股价格为 13.84 元/股，股价较可转债转股价溢价 51.08%。此时，距离日月转债赎回登记日（2020 年 8 月 18 日）仅剩一天。根据赎回安排，在赎回登记日收市后，尚未实施转股的日月转债将会以 100.262 元/张的价格被公司提前赎回。此时，二级市场的交易价格与赎回价格差异较大，如果投资者不能及时转股或卖出可转债，将会面临较大的亏损风险。

此外，如果投资者持有的可转债存在质押或者被冻结的情况，建议投资者提前解除质押和冻结，避免出现无法在市场交易而被强制赎回的情况。因此，投资者需要及时关注可转债的赎回信息。

3.5　可转债的风险揭示书必备条款

为了帮助投资者更加充分地了解可转债所特有的规则和评估可转债交易的相关风险，上海证券交易所制定了《向不特定对象发行的可转换公司债券投资风险揭示书必备条款》（简称《必备条款》）。2020 年 7 月 24 日，上海证券交易所发布关于签署《向不特定对象发行的可转换公司债券投资风险揭示书》（简称《风险揭示书》）相关事项的通知。自 2020 年 10 月 26 日起，该通知开始实施。

也就是说，2020 年 10 月 26 日之后，普通投资者在申购、交易可转债之前需要以纸面或电子的形式签署《风险揭示书》。对于没有及时签署《风险揭示书》的可转债投资者，证券公司不得接受其申购或者买入的交易委托，但这不影响可转债持有人继续持有、转股、回售及卖出可转债。此外，对于符合《证券期货投资者适当性管理办法》条件的专业投资者（即可转债发行人的董事、监事、高级管理人员以及持股比例超过 5% 的股东）来说，申购或者交易可转债，是不需要额外签署《风险揭示书》的。

作为普通投资者或者投资小白，我们该如何理解可转债的《风险揭示书》必备条款呢？上海证券交易所制定的《必备条款》共有 24 条，笔者将在附录 C 中重点为大家逐条解读，以帮助投资新手充分了解和掌握可转债所特有的规则和潜在的风险因素，避免在实际交易中遭受损失。

第 4 章

可转债的交易规则与
实战解析

可转债作为一种兼具低风险与高收益的投资品种，其投资收益下有保底，上不封顶，那么，可转债的保底线是多少呢？它的安全边际有多大呢？投资者可以博弈多大的利润空间呢？在可转债交易中，投资者需要注意哪些交易规则呢？如果想要解答这些疑问，就需要投资者认真研究一下可转债的交易规则了。本章，我们将以实战的形式为投资者解读可转债的各种交易规则。

4.1　可转债的交易报价规则

可转债的交易报价规则可分为 3 类进行讨论：开盘集合竞价、盘中连续竞价及收盘集合竞价。每个交易日的 9:15—9:25 为开盘集合竞价时间；

每个交易日的 9:30—11:30 与 13:00—14:57 为盘中连续竞价时间；每个交易日的 14:57—15:00 为收盘集合竞价时间。值得注意的是，每个交易日的 9:20—9:25 与 14:57—15:00，上交所与深交所不接受参与竞价交易的撤销申报的申请，在其他接受申报的时间内，未成交申报的委托可以撤销。

此外，我们需要了解沪深两市可转债交易价格的最小单位，其中沪市可转债交易价格的最小单位是 0.01 元，深市可转债交易价格的最小单位是 0.001 元。

1. 开盘集合竞价

集合竞价，是指对在一段时间内接受的买入与卖出申报一次性集中撮合的竞价方式。我们可以将可转债的开盘价格分成两种情形进行讨论：上市首日开盘价格与非上市首日开盘价格。

在可转债上市首日，沪市可转债开盘集合竞价阶段的交易申报价格范围为 70～150 元。如果开盘交易报价超出了这一范围，则视该笔报价单为废单。在可转债上市首日，深市可转债开盘集合竞价阶段的交易申报价格范围为 70～130 元。如果开盘交易报价超出了这一范围，那么虽然该笔报价会被当作保留委托，但是不会进入竞价系统，不会在集合竞价阶段对该价格进行撮合。

让我们以华阳转债为例。2020 年 8 月 21 日是华阳转债上市首日，华阳转债开盘价为 130.000 元，达到深市可转债上市首日开盘价格范围的最大值（图 4-1）。与此同时，可转债开盘价格涨幅达到 30%，触发了深交所关于可转债临时停牌的规定。因此，华阳转债在 9:30 到 10:00 之间临时停牌 30 分钟，其分时图如图 4-2 所示。

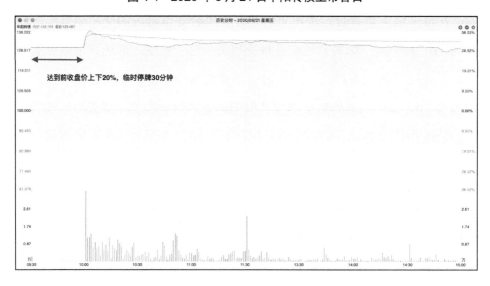

图 4-1　2020 年 8 月 21 日华阳转债上市首日

显示 ∨ 画线 ▯	华阳转债　128125		
	130.100↑ +0.613 +0.47%		

时间　20200821	＋自选		
开盘　130.000	盘口	论股堂	＋
收盘　129.487	买卖档位与明细（手）		金 5
最高　139.480	委比　+79.27%　+3834	明细	
最低　127.100	卖五　130.190　1	14:56　130.200	2↓
涨幅　-0.39%	卖四　130.116　2	14:56　130.200	2↓
振幅　9.56	卖三　130.110　443	14:56　130.200	2↓
成交量　61.90万	卖二　130.102　54	14:56　130.200	4↓
成交额　8.22亿	卖一　130.101　1	14:56　130.200	3↓
		14:56　130.200	4↓
	买一　130.100　2220	14:56　130.200	58↓
	买二　130.000　1001	14:56　130.102	1↓
	买三　129.820　100	14:56　130.199	4↑
	买四　129.781　4	14:57　130.110	1↓
	买五　129.500　1011	15:00　130.100	340↑

图 4-2　2020 年 8 月 21 日华阳转债分时图

在可转债非上市首日，沪市可转债开盘集合竞价阶段的交易申报价格不得高于前收盘价的 150%，同时不得低于前收盘价的 70%。若开盘交易报价超出了前收盘价 70%～150% 的范围，则视该笔报价单为废单。在可转债非上市首日，深市可转债开盘集合竞价阶段的交易申报价格不得高于前收盘价的 110%，同时不得低于前收盘价的 90%，即浮动范围不超出前收盘价的上下 10%。如果开盘交易报价超出了这一范围，那么虽然该笔报价会被当作保留委托，但不会进入竞价系统。

以蓝帆转债为例。2020 年 7 月 13 日，蓝帆转债的开盘价为 190.300 元/张，是前收盘价（173.000 元/张）的 110%，符合深市可转债非上市首日开盘价格不超过前一交易日收盘价±10% 的要求。如果投资者以 200.00 元/张的价格进行委托，则该笔报价不会在开盘集合竞价阶段进行撮合成交（图 4-3）。

图 4-3　2020 年 7 月 13 日蓝帆转债开盘价

将 2020 年 7 月 13 日蓝帆转债的日 K 线放大来看，我们可以发现：开盘价（190.300 元/张）是当日最低价，该可转债当天涨幅达 26.09%（图 4-4）。根据深交所在 2020 年 5 月 22 日发布的《关于对可转换公司债券实施盘中临时停牌有关事项的通知》规定，当盘中成交价较前收盘价首次上涨或下跌达到或超过 20%时，深交所可以对该只可转债实施盘中临时停牌 30 分钟的措施。因此，当蓝帆转债盘中涨幅达到20%时，就触发了临时停牌 30 分钟的交易规则。我们可以在其当日分时图中看到停牌的情况，如图 4-5 所示。

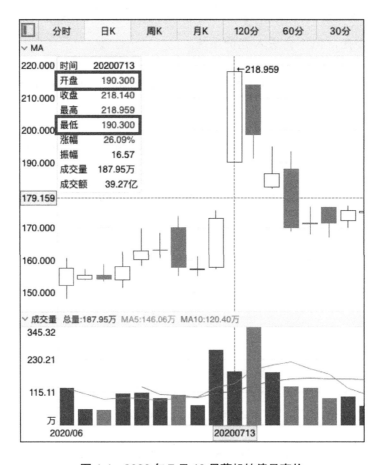

图 4-4　2020 年 7 月 13 日蓝帆转债最高价

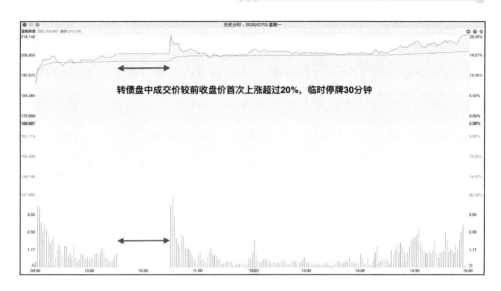

图 4-5　2020 年 7 月 13 日蓝帆转债盘中临时停牌 30 分钟

2. 盘中连续竞价

连续竞价，是指对买入和卖出的申报逐笔连续撮合的竞价方式。每个交易日的 9:30—11:30 与 13:00—14:57 为盘中连续竞价时间。

根据《上海证券交易所交易规则》（2020 年第二次修订），我们可以知道：在盘中连续竞价阶段，沪市可转债的交易申报价格不得高于即时揭示的最低卖出价格的 110%，且不得低于即时揭示的最高买入价格的 90%。同时，交易申报价格不得高于上述最高申报价与最低申报价平均数的 130%，且不得低于该平均数的 70%。当一笔参与竞价交易的申报不能一次全部成交时，未成交的部分将继续参与当日竞价。

根据《深圳证券交易所交易规则》（2020 年修订），我们可以知道：在盘中连续竞价阶段，深市可转债的交易申报价格为最近成交价的 ±10%。

3. 收盘集合竞价

每个交易日的 14:57—15:00 为收盘集合竞价时间。在收盘集合竞价阶段，沪市针对可转债收盘集合竞价范围没有明确的规定，深市可转债的有效竞价范围是最近成交价的 ±10%，与盘中连续竞价范围相同。

4.2　可转债的盘中临时停牌规则

对于可转债盘中临时停牌规则，沪深两市有不同的规定，下面进行详细解释。

1. 沪市可转债临时停牌规则

根据 2018 年修订的《上海证券交易所证券异常交易实时监控细则》（以下简称为《异常交易实时监控细则》）第三条（三）的规定：无价格涨跌幅限制的其他债券盘中交易价格较前收盘价首次上涨或下跌超过 20%（含）、单次上涨或下跌超过 30%（含）的，上交所可以根据市场需要进行盘中临时停牌。与此同时，《异常交易实时监控细则》中的第四条也明确规定了盘中临时停牌的时间安排。沪市可转债盘中临时停牌规则如表 4-1 所示。

表 4-1　沪市可转债盘中临时停牌规则

情况	规则
盘中成交价较前收盘价首次上涨或下跌达到或超过 20%	临时停牌 30 分钟
盘中成交价较前收盘价首次上涨或下跌达到或超过 30%	临时停牌至 14:57
关于临时停牌期间的委托	在停牌期间不可以进行买入或卖出申报

我们可以这样理解，对于沪市可转债来说，若盘中交易价格较前收盘价首次上涨或下跌幅度达到或超过 20%，则盘中临时停牌 30 分钟。如果第二次触发停牌，则停牌至 14:57。如果盘中交易价格单次上涨或下跌幅度达到或超过 30%，则直接停牌至 14:57，但在 14:57—15:00 期间恢复交易。

对于上市首日的沪市可转债，如果上市首日其开盘价为 120 元（即涨幅为 20%），则该可转债将临时停牌 30 分钟。在 10:00 复盘后，如果该可转债价格继续上涨超过 130 元，那么该可转债将停牌至 14:57。博威转债上市首日就属于这种情况，如图 4-6 所示。

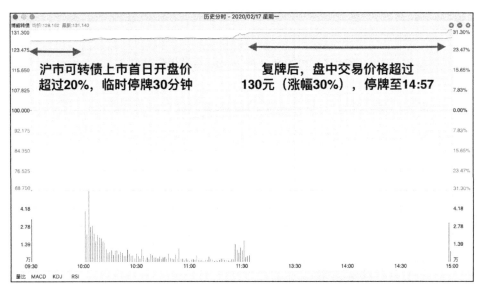

图 4-6　2020 年 2 月 17 日博威转债上市首日分时图

对于非上市首日的沪市可转债，我们以百合转债为例（图 4-7）：作为沪市可转债，其盘中交易价格的涨幅先是达到 20%，触发临时停牌标准，停牌 30 分钟。在复牌后，交易价格涨幅达到了 30%，再次触发临时停牌至 14:57，在 14:57 恢复交易。

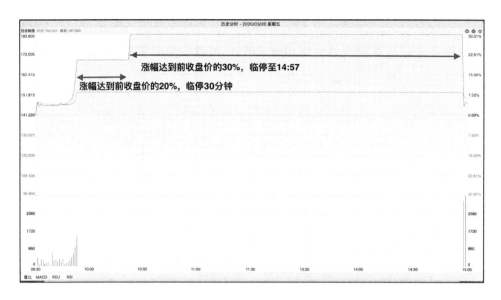

图 4-7　2020 年 3 月 20 日百合转债分时图

下面我们来分析一下跌幅较多的可转债。以泰晶转债为例（图 4-8）：其受上市公司泰晶科技提前赎回公告的影响，2020 年 5 月 7 日泰晶转债在开盘集合竞价阶段其价格直接下跌 30%，触发临时停牌至 14:57。在复牌后，泰晶转债价格在 14:57—15:00 期间再度下跌 17%。因此，泰晶转债的价格在当天累计下跌 47.68%，收于 190.92 元，成交额约为 8000 万元。

2. 深市可转债临时停牌规则

2020 年 5 月 22 日，深圳证券交易所发布了《关于对可转换公司债券实施盘中临时停牌有关事项的通知》，并于 2020 年 6 月 8 日开始施行。对于在深交所上市的可转债，当盘中成交价较前收盘价首次上涨或下跌幅度达到或超过 20% 时，深交所可以对该可转债实施盘中临时停牌 30 分钟的措施。此外，当盘中成交价较前收盘价首次上涨或下跌幅度达到或超过 30% 时，深交所也可以对该可转债实施盘中临时停牌 30 分钟的措施。如果可转债临时停牌时间跨越 14:57，则于当日 14:57 复牌。（自 2020 年 11 月 2 日起，深交所可转债盘中临时停牌制度发生部分调整：由原来的临时停牌 30 分钟修改为临时停牌至 14:57）。

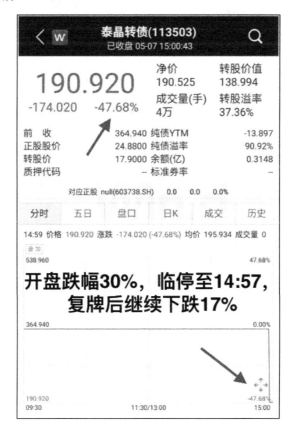

数据来源：Wind。

图 4-8　2020 年 5 月 7 日泰晶转债下跌 47.68%

在深交所可转债盘中临时停牌期间，投资者可以正常申报，也可以撤销申报。在复牌时，对已接受的申报实行复牌集合竞价。沪深两市可转债盘中临时停牌规则，如表 4-2 所示。

表4-2 沪深两市可转债盘中临时停牌规则

情况	沪市规则	深市规则
盘中成交价较前收盘价首次上涨或下跌幅度达到或超过20%	临时停牌30分钟	临时停牌30分钟
盘中成交价较前收盘价首次上涨或下跌幅度达到或超过30%	临时停牌至14:57	临时停牌30分钟，临时停牌时间跨越14:57的，于14:57复牌。自2020年11月2日起，深交所可转债盘中临时停牌制度发生部分调整：由原来的临时停牌30分钟修改为临时停牌至14:57
关于临时停牌期间的委托	在停牌期间不可以进行买入或卖出申报	在临时停牌期间可以进行买卖申报，也可以撤销申报。在复牌时，对已接受的申报实行复牌集合竞价

在2020年11月2日之前，如果深市可转债上市首日的开盘价为120元或者130元（即涨幅为20%或者30%），那么可转债将直接停牌30分钟。在10:00复牌后，无论可转债价格再涨多少都不会再次触发临时停牌。蓝帆转债上市首日，就符合这种情况，如图4-9所示。

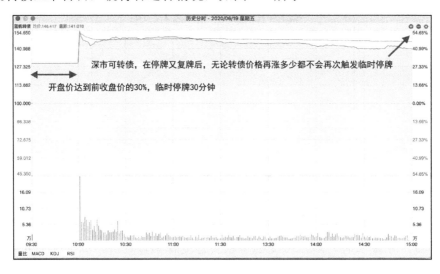

图4-9 2020年6月19日蓝帆转债上市首日分时图

对于非上市首日的深市可转债，如果盘中成交价较前收盘价首次上涨或下跌幅度达到或超过 20%，那么深交所可以对该可转债实施盘中临时停牌 30 分钟的措施。如果临时停牌时间跨越 14:57，则可转债将在 14:57 复牌，在 14:57—15:00 可转债恢复交易。我们以英科转债为例（图 4-10）：其作为深市可转债，盘中交易价格涨幅先是达到 20%，触发临时停牌标准，临时停牌 30 分钟。在复牌后，交易价格涨幅达到 30%，再次触发临时停牌。再次复牌后，无论该可转债价格再涨多少都不会触发临时停牌。需要注意的是，这个案例发生在 2020 年 11 月 2 日之前，当时深交所对于竞价交易盘中价格较前、收盘价首次上涨或下跌达到或超过 30%的可转债实行盘中临时停牌 30 分钟的规则。

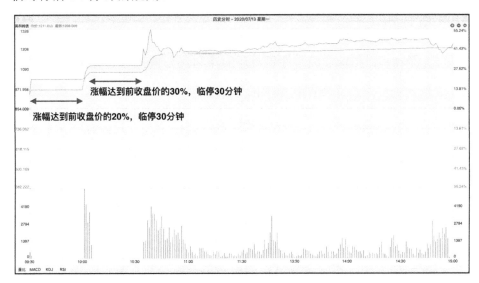

图 4-10　2020 年 7 月 13 日英科转债分时图

实行盘中临时停牌的交易规定，可以避免可转债在盘中因被过度投机而导致的大幅波动，在一定程度上会压制高价格、高溢价率的可转债。但是，对于低风险的可转债投资者来说是有利的。

4.3　可转债的发行规则

1. 可转债的发行门槛

现行的法律法规只允许上市公司公开发行可转换公司债券，但并不是所有的上市公司都可以发行可转债。

如果在主板与中小板上市的公司想要发行可转债，则不仅需要满足公开发行证券的条件，还需要满足以下规定。

（1）净资产收益率（ROE）：最近3个会计年度加权平均净资产收益率平均不低于6%。

（2）净利润：扣除非经常性损益后的净利润与被扣除前的净利润相比，以低者作为加权平均净资产收益率的计算依据。

（3）可分配利润：最近 3 个会计年度实现的平均可分配利润不少于公司债券一年的利息。

（4）规模限制：本次发行后累计公司债券余额不超过最近一期末净资产额的 40%。

（5）担保事项：公司发行可转债应当提供担保，但最近一期末经审计的净资产不低于 15 亿元的公司除外。

相较于主板和中小板，对在创业板上市的公司发行可转债的要求较低。起初，创业板在规定可转债的发行条件时，仅规定要满足《中华人民共和国证券法》（以下简称《证券法》）规定的条件，没有明确说累计公司债券余额不超过最近一期末净资产额的 40%。2020 年 3 月 1 日实施的 2019 年版《证券法》已经删除了债券发行规模不超过净资产 40%限制的规定。也就是说，创业板可转债的发行可以突破净资产 40%的上限。

通过观察可转债的发行条件，我们可以发现：可转债的发行门槛较高，对发行公司的财务要求也较高，一般要求发行可转债的公司都是盈利能力较强的。投资者可以关注一下较好的上市公司，看看它们是否已发行可转债。如果有，则可以通过基本面分析来确定其发行的可转债是否有优秀的业绩支撑，进而评估上市公司的投资价值。此外，投资者还需要关注发行可转债上市公司的信用评级情况，从而可以更进一步评估投资机会。

2. 可转债的发行流程与时间安排

依据《上海证券交易所上市公司可转换公司债券发行上市业务办理指南》（2018 年修订）与《深圳证券交易所上市公司可转换公司债券发行上市业务办理指南》（2018 年 12 月修订），我们可以将上市公司公开发行可转换公司债券的流程总结归纳为以下 6 个步骤。

（1）公司董事会提出发行可转债的预案。

（2）公司股东大会批准预案。

（3）证监会受理。

（4）中国证监会发行审核委员会（简称发审委）审核通过：对于发行可转债申请未获证监会审核通过的公司，公司会发布公告。

（5）证监会核准批文：在审委审核通过后，证监会将出具正式的核准文件，文件全称是《关于核准××公司公开发行可转换公司债券的批复》。

可转债发行申请在获得证监会发行核准批准后，发行人及其保荐机构、主承销商应及时披露《可转债获准公告》，并提交发行计划与方案。这里，我们需要注意，对于沪市可转债，发行公司在取得证监会核准批文后，若申请在下一个交易日披露《可转债发行公告》与《可转债募集说明书》，就可以免于披露《可转债获准公告》。

（6）公司发布核准批复的公告：当上市公司收到证监会出具的《关于核准××公司公开发行可转换公司债券的批复》后，公司应当在取得中国证监会可转债核准文件后的两个交易日内刊登《可转债发行获准公告》。公告内容主要包括：核准公司向社会公开发行可转债的面值总额、可转债存续期限，以及本批复自核准发行之日起在多少个月内有效。值得我们注意的是，公司拿到核准批文并不意味着可转债可以马上上市交易，还需要确定可转债的发行窗口。在可转债发行核准通知有效期内，发行公司会刊登《可转债募集说明书》。同时，发行公司会在可转债发行申购日刊登《可转债发行提示性公告》。

很多投资者可能会有一个疑问，怎么知道哪些上市公司要发行可转债呢？我们可以打开集思录网站，按照可转债"剩余年限"排序，找到剩余年限比较长的可转债。与此同时，观察它们的"现价与涨跌幅"。如果可转债的"现价与涨跌幅"为灰色斜体字体（图4-11），就可以判断这些可转债属于待上市状态。此外，还可以在集思录的"待发可转债"一栏里找到拟发可转债的信息。

此时，投资者可能又会有一个疑问，在找到待上市的可转债后，要等待多久才能在市场中交易它们呢？现在，就让我们来聊一聊可转债发行的流程，如表4-3所示。在此流程中，可转债投资者不需要支付可转债发行的佣金、过户费、印花税等发行费用。

代 码	转债名称	现 价	涨跌幅	正股名称	正股价	正股涨跌	PB	转股价	转股价值	溢价率
113602	景20转债	100.000	0.00%	景旺电子 R	33.78	-2.65%	5.08	35.28	95.75	4.44%
128129	青农转债	100.000	0.00%	青农商行	5.39	-2.18%	1.18	5.74	93.90	6.49%
113039	嘉泽转债	100.000	0.00%	嘉泽新能	3.22	-1.53%	1.98	3.57	90.20	10.87%
113601	塞力转债	100.000	0.00%	塞力斯	17.07	0.47%	2.38	16.98	100.53	-0.53%
128128	齐翔转2	100.000	0.00%	齐翔腾达 R	7.95	-2.81%	1.82	8.22	96.72	3.40%
128127	文科转债	100.000	0.00%	文科园林	5.34	-1.66%	1.08	5.76	92.71	7.87%
110074	精达转债	100.000	0.00%	精达股份	3.45	-2.82%	1.83	3.80	90.79	10.14%
110072	广汇转债	100.000	0.00%	广汇汽车 R	3.64	-3.70%	0.78	4.03	90.32	10.71%
113600	新星转债	100.000	0.00%	深圳新星	22.42	-2.90%	2.37	23.85	94.00	6.38%
128126	赣锋转2	100.000	0.00%	赣锋锂业 R	49.23	-6.32%	7.55	61.15	80.51	24.21%
113599	嘉友转债	100.000	0.00%	嘉友国际	30.96	0.65%	3.55	24.82	124.74	-19.83%
113038	隆20转债	100.000	0.00%	隆基股份 R	57.60	-2.12%	7.36	52.77	109.15	-8.39%
113598	法兰转债	126.340	0.25%	法兰泰克	16.27	-1.45%	3.37	13.88	117.22	7.78%
128125	华阳转债	130.500	-3.33%	华阳国际	32.04	-2.94%	5.59	25.79	124.23	5.04%

图 4-11　集思录中的待上市可转债（截至 2020 年 8 月）

表 4-3　可转债按照发行时间的流程

交易日	发行安排
T-2 日	发行公司刊登《可转债募集说明书》及其摘要、《可转债发行公告》及《可转债路演公告》
T-1 日	1）网上路演； 2）原 A 股股东优先配售股权登记日； 3）网下申购日：网下机构投资者需要在当日 17:00 前提交《网下申购表》等相关文件，并在 17:00 前按时缴纳申购保证金； 4）如果发行失败，则会刊登《可转债中止发行公告》
T 日 （网上申购日）	发行日（T 日），发行人会完成以下事项： 1）刊登《可转债发行提示性公告》； 2）原无限售股东优先配售认购日（应当在 T 日申购时缴付足额资金）； 3）原有限售股东有限配售认购日（15:00 前提交认购资料并足额缴纳认购资金）； 4）网上申购日（此时无须缴付申购资金）； 5）确定网上申购中签率； 6）确定网下申购初步配售结果

续表

交易日	发行安排
T+1 日	1）刊登《网上发行中签率及网下发行配售结果公告》； 2）网上申购摇号抽签
T+2 日 （中签缴款）	1）刊登《可转债公司债券中签号码公告》； 2）网上申购中签的投资者根据中签数量进行缴款（投资者需要确保其资金账户在 T+2 日日终有足额的可转债认购资金，简单说，就是要记得留好足够的钱）； 3）网下投资者根据配售数量进行缴款
T+3 日	1）确定可转债发行结果； 2）如果发行失败，则发行人会刊登《可转债中止发行公告》
T+4 日	发行人刊登《可转换公司债券发行结果公告》，发行结束

对于沪市可转债，投资者可以参阅想要购买的可转债公司募集说明书与发行公告；对于深市可转债，投资者可以参阅想要购买的可转债公司募集说明书与发行提示性公告。在这些公告中，投资者可以找到相关可转债的具体发行内容与时间。

3. 可转债的组成部分

在一般情况下，发行的可转债由三个部分组成，即原股东优先配售的部分、社会公众投资者参与的网上申购部分以及机构投资者参与的网下申购部分。具体如下。

（1）原股东优先配售的部分：可转债发行公司可以向在股权登记日收市后登记在册的原股东实行优先配售。值得我们注意的是，原股东不仅可以参加可转债的优先配售，而且还可以参加优先配售后余额的网上及网下申购。

（2）社会公众投资者参与的网上申购部分：社会公众投资者可以通过

交易所交易系统参与可转债的网上申购。投资者参与可转债网上申购只能使用一个证券账户。对于同一个投资者，如果其使用多个证券账户参与某只可转债的申购或者使用同一个证券账户对同一只可转债进行多次申购，那么该投资者的第一笔申购是有效的，其余申购都是无效的。每个证券账户的最高申购数量上限为 1000 手（即 1 万张，100 万元）；最低申购数量为 1 手（即 10 张，1000 元），超过 1 手必须是 1 手的整数倍。

（3）机构投资者参与的网下申购部分：机构投资者可以参与可转债的网下申购。对于参与网下申购的机构投资者，最高申购数量的上限为 100 万手（即 1000 万张，10 亿元）；最低申购数量的下限为 1 万手（即 10 万张，1000 万元），超过 1 万手必须是 1 万手的整数倍。

4. 可转债的中止发行

有些可转债的发行"命运"比较平坦，有些则比较坎坷。也就是说，可转债存在被中止发行的情况，如表 4-4 所示。

表 4-4　可转债中止发行的两种情形

中止发行的两种情况	中止发行的结果
当原股东优先认购的可转债数量和网上投资者申购的可转债数量合计不足本次发行数量的 70%时	1）发行公司及主承销商将协商是否采取中止发行措施，并及时向中国证监会报告；
当原股东优先认购的可转债数量和网上投资者缴款认购的可转债数量合计不足本次发行数量的 70%时	2）如果公司决定中止发行，则会发布公告并说明中止发行的原因，且宣布公司是否会在批文有效期内择机重启发行； 3）在可转债被中止发行时，网上投资者中签及原股东获配的可转债无效，且不登记至投资者名下，投资者不需要担心

4.4　可转债的申购规则

可转债的申购分为网上申购与网下申购。下面我们分别就网上申购的申购时间、申购最小单位、申购数量及证券账户四个方面对可转债的申购规则进行说明。因为参与网下申购的主体主要为机构投资者，所以在这里就先不进行过多的讨论了。

（1）网上申购时间：沪深两市可转债的网上申购时间均为 T 日 9:30—11:30 和 13:00—15:00。一经申报，不得撤单。

（2）网上申购最小单位：沪市可转债网上申购的最小单位为 1 手，即 1000 元；深市可转债网上申购的最小单位为 10 张，即 1000 元。沪市可转债的交易单位为手（1 手=1000 元），而深市可转债的交易单位为张（1 张=100 元），二者之间的关系可以表示为 1 手 = 10 张 = 1000 元。

（3）网上申购数量：对于证券账户，沪市可转债最高申购数量为 1000 手，深市可转债最高申购数量为 10000 张，即 100 万元；沪市可转债最低申购数量为 1 手，深市可转债最低申购数量为 10 张，即 1000 元，超过 1 手必须是 1 手的整数倍。如果申购数量超过上限，则该笔申购无效。

（4）证券账户：投资者参与可转债网上申购只能使用一个证券账户。同时，需要注意以下几种情况：

1）一人多户：当同一个投资者使用多个证券账户参与同一只可转债申购时，以该投资者的第一笔申购为有效申购，其余申购均为无效申购。

2）普通账户与信用账户：当投资者同时使用普通账户与信用账户参与

同一只可转债申购时,以该投资者的第一笔申购为有效申购,其余申购均为无效申购。

3)一户多次申购:当投资者使用同一个证券账户多次参与同一只可转债申购时,以该投资者的第一笔申购为有效申购,其余申购均为无效申购。

4)确认多个证券账户属于同一个投资者持有的原则:根据投资者在证券账户注册资料中留存的"账户持有人名称"与"有效身份证明文件号码",可以判断同一个投资者是否拥有多个证券账户。

5)不合格、休眠及注销的证券账户不能参与可转债申购。

4.5　可转债的中签缴款与弃购处理规则

在可转债网上申购结束后的第一个交易日(T+1 日),保荐人会联系信息公司组织摇号。在申购结束后的第二个交易日(T+2 日),发行人会刊登《可转债网上中签结果公告》。中签可转债的投资者应根据《可转债网上中签结果公告》履行缴款义务,并确保其证券账户在 T+2 日的 16:00 前有足额的可转债中签缴款资金。对于参与可转债网上申购的投资者,在中签认购资金交收日之前,证券公司不能为投资者申报、撤销指定交易,也不能为投资者注销相应的证券账户。

如果投资者认购资金不足,不足的部分会被视为放弃认购(简称弃购)。弃购部分以实际不足资金为准,沪市弃购的最小单位为 1 手,深市弃购的最小单位为 1 张。弃购产生的影响,由投资者自行承担,具体情况如表 4-5 所示。

表 4-5　可转债弃购规则解读

弃购规则	情况说明
弃购最小单位	沪市弃购的最小单位为 1 手，深市弃购的最小单位为 1 张
弃购影响	1）投资者连续 12 个月内累计出现 3 次网上中签未足额缴款的情形，自中国结算上海分公司（或深圳分公司）收到弃购申报的次日起 6 个月内不得参与新股、存托凭证、可转债、可交债的申购； 2）沪深两市分开结算弃购次数，彼此互不影响； 3）按照投资者实际放弃认购新股、存托凭证、可转债、可交债的次数合并计算弃购次数
证券账户	如果投资者持有多个证券账户，其名下任何一个证券账户（含不合格、注销证券账户）发生弃购的情况，均会被纳入该投资者放弃认购的次数

下面我们举例来说明可转债的中签缴款与弃购处理的情况。假设可转债 A、可转债 B、可转债 C 同时在网上 T 日发行申购，投资者在 T 日对以上三只可转债进行了网上申购。在 T+1 日傍晚，投资者发现其证券账户中签了 20 张可转债 A，30 张可转债 B 及 20 张可转债 C，共计需要 7000 元进行可转债中签缴款。也就是说，投资者需要在 T+2 日的 16:00 之前将 7000 元留存在证券账户里并等待系统自动扣款，具体缴款金额为可转债 A 缴款 2000 元、可转债 B 缴款 3000 元、可转债 C 缴款 2000 元。至此，本次可转债申购全部缴款成功。

但是，如果投资者证券账户中的资金不足以进行全额缴款，该怎么办呢？我们该遵循哪些缴款规则呢？在通常情况下，当投资者的资金不足以进行全额中签缴款时，我们可以遵循"先股后债，先少后多，先大后小"的交易秘诀。这个秘诀是由雪球网的大 V "饕餮海"创新总结出来的，在实际应用中非常好用。我们可以这样来解读这个秘诀，如下所示。

■ 先股后债：在同一个交易日，先进行新股中签缴款，后进行新债中签缴款；

■ 先少后多：针对同一个交易品种，先对中签数量少的标的进行缴款，后对中签数量多的标的进行缴款；

■ 先大后小：针对同一个缴款金额，先对交易代码大的标的进行缴款，后对交易代码小的标的进行缴款。

接着上面的案例，我们来继续分析。假设投资者同时中签 20 张可转债 A（代码以 128 开头）、30 张可转债 B（代码以 127 开头）及 20 张可转债 C（代码以 123 开头），全额缴款需要 7000 元，但投资者的资金不足。此时，我们遵循"先股后债，先少后多，先大后小"的交易规则来分析，如表 4-6 所示。

表 4-6　可转债中签缴款与弃购情形分析

资金情况	可转债 A 中签 20 张（2000 元）	可转债 B 中签 30 张（3000 元）	可转债 C 中签 20 张（2000 元）	缴款与弃购结果
6000 元	缴款 2000 元	缴款 2000 元 弃购 10 张	缴款 2000 元	可转债 B 弃购 10 张
5000 元	缴款 2000 元	缴款 1000 元 弃购 20 张	缴款 2000 元	可转债 B 弃购 20 张
4000 元	缴款 2000 元	弃购	缴款 2000 元	全部弃购可转债 B
3500 元	缴款 2000 元	弃购	缴款 1500 元 弃购 5 张	全部弃购可转债 B，可转债 C 弃购 5 张
3000 元	缴款 2000 元	弃购	缴款 1000 元 弃购 10 张	全部弃购可转债 B，可转债 C 弃购 10 张
2000 元	缴款 2000 元	弃购	弃购	全部弃购可转债 B 与可转债 C
1500 元	缴款 1500 元 弃购 5 张	弃购	弃购	可转债 A 弃购 5 张，全部弃购可转债 B 与可转债 C

情形 1：假设投资者有 6000 元，可转债 B 需要缴款 3000 元，可转债 A 与可转债 C 都需要缴款 2000 元。遵循"先少后多"的规则，缴完可转债 A 与可转债 C 后，剩余的 2000 元可以用来缴款可转债 B。但原本需要 3000 元来对可转债 B 进行缴款，现在只剩 2000 元，这就意味着投资者要弃购 10 张（即 1000 元）可转债 B。由于可转债 B 的代码是 127 开头的，属于深市可转债，因此投资者的深市弃购次数为 1 次，但其不影响投资者的沪市申购次数。

情形 2：假设投资者有 5000 元，根据"先少后多"的规则，先对可转债 A 与可转债 C 进行缴款，共计用掉 4000 元。此时，投资者还剩 1000 元用来对可转债 B 进行缴款。这就意味着投资者要弃购 20 张（即 2000 元）可转债 B。此时，投资者的深市弃购次数计为 1 次。

情形 3：假设投资者有 4000 元，根据"先少后多"的规则，先对可转债 A 与可转债 C 进行缴款，共计用掉 4000 元。此时，投资者已经没有资金了，要全部弃购可转债 B，故投资者的深市弃购次数计为 1 次。

情形 4：假设投资者有 3500 元，根据"先少后多"的规则，先对可转债 A 与可转债 C 进行缴款，弃购可转债 B。但是 3500 元不足以同时完成对可转债 A 与可转债 C 的缴款。再根据"先大后小"的规则（可转债 A 的代码以 128 开头，可转债 C 的代码以 123 开头，128 大于 123），先对可转债 A 缴款 2000 元，再用剩余的 1500 元对可转债 C 进行缴款，同时弃购 5 张（即 500 元）可转债 C。结果，投资者的深市弃购次数为 2 次，分别为完全弃购可转债 B 1 次、弃购 5 张可转债 C 1 次。

情形 5：假设投资者有 3000 元，根据"先少后多"的规则，先对可转债 A 与可转债 C 进行缴款，弃购可转债 B，但是 3000 元不足以同时完成对可转债 A 与可转债 C 的缴款。再根据"先大后小"的规则，先对可转债 A 缴款 2000 元，再用剩余的 1000 元对可转债 C 进行缴款，同时弃购 10 张（即 1000 元）可转债 C。结果，投资者的深市弃购次数为 2 次，分别为完全弃购可转债 B 1 次、弃购 10 张可转债 C 1 次。

情形 6：假设投资者有 2000 元，根据"先少后多"的规则，弃购可转债 B，留下可转债 A 与可转债 C。再根据"先大后小"的规则，对可转债 A 缴款 2000 元，弃购可转债 C。结果，投资者的深市弃购次数计为 2 次，分别为完全弃购可转债 B 1 次、完全弃购可转债 C 1 次。

情形 7：假设投资者有 1500 元，根据"先少后多"的规则，弃购可转债 B，留下可转债 Λ 与 C。再根据"先大后小"的规则，弃购可转债 C，留下可转债 A。用 1500 元对可转债 A 进行缴款，同时弃购 5 张（即 500 元）可转债 A。结果，投资者的深市弃购次数计为 3 次，分别为弃购 5 张可转债 A 1 次、完全弃购可转债 B 1 次、完全弃购可转债 C 1 次。此时，投资者在连续 12 个月内出现累计 3 次中签未足额缴款的情形，使得该投资者其在未来 6 个月内都不得参与深市新股、存托凭证、可转债、可交债的申购。但是，这不影响该投资者的沪市申购次数。

以上案例是为了向投资者说明可转债中签缴款与弃购次数的计算，但在实际交易中，投资者并不能同时中签那么多只可转债。在通常情况下，投资者顶格打新一只可转债，运气好的时候可以中签 1 手或 10 张，即 1000 元。

4.6　可转债的配售规则

在了解可转债的配售规则之前，我们先要了解什么是原股东，什么是可转债的配售。

原股东，是指在股权登记日收市后，在中国证券登记结算有限责任公司上海分公司（适用于在上交所上市的股票）或深圳分公司（适用于在深交所上市的股票）登记在册的股东。

可转债的配售，是指上市公司在获得必要的批准后，向其现有股东提出配债建议，使现有股东可以按照其持有上市公司的股份数量按每股配售多少面值可转债的比例计算可配售可转债金额，再按 1000 元/手（或 100 元/张）的比例转换为手数（或张数）。在通常情况下，配售价格比市场交易的价格低。对于沪市配债来说，每 1 手为一个申购单位，不足 1 手的部分按照精确算法原则进行处理。在不足 1 手时进位，投资者可获得 1 手认购权。对于深市配债，则以每 1 张为一个申购单位。如果投资者持有即将发行可转债的股票，同时在股权登记日（即申购日的前一天）收盘后依然持有该股票，那么该投资者就拥有了可转债的配售资格。至于投资者可以配售多少可转债，则需要看其持有多少正股股票及每股配售的金额大小。

我们将原股东参与可转债的配售大致归纳为 5 个步骤，分别为如何获取可转债配售资格、查阅发行公告、计算可配售金额与可配售数量、在交易软件中进行操作及检查资金冻结情况，具体如下。

（1）如何获取可转债配售资格：如果投资者持有即将发行可转债的股票，同时在股权登记日（即申购日的前一天）收盘后依然持有该股票，那么该投资者就拥有了该只可转债的配售资格。

（2）查阅发行公告：通过查阅《可转债发行公告》或《可转债发行提示性公告》的发行提示，投资者可以得到与配售相关的重要信息。

1）股权登记日；

2）配售代码；

3）配售简称；

4）配售比例：按每股配售××元可转债的比例计算可配售可转债金额，再按 1000 元/手（或 100 元/张）的比例转换为手数（或张数）。沪市可转债是以每 1 手（1000 元）为一个申购单位，深市可转债是以每 1 张（100 元）为一个申购单位。

（3）计算可配售金额与可配售数量：当投资者了解了与配售相关的重要信息后，可以根据配售比例来计算可配售可转债的数量与金额。

1）可配售金额（元）=持股数量（股）×配售比例（元/股）；

2）可配售数量（手）　=可配售金额（元）/1000（元/手），

可配售数量（张）　=可配售金额（元）/100（元/张）。

（4）在交易软件中进行操作：打开券商的交易软件，输入"配售代码"，确认"配售简称"，选择交易方向为"买入"或者"卖出"，输入"配售数量"，点击"确认"。在交易软件中配售沪市可转债（沪市配债）时，交易方向选择"卖出"；在配售深市可转债（深市配债）时，交易方向选择"买入"。

（5）检查资金冻结情况：在完成以上 4 步操作后，投资者可以检查一下账户资金，看看配售资金是否已经被冻结。如果配售资金被冻结，则表示该笔原股东优先配售可转债的申购有效。

如果原股东想要参与可转债的配售，那么就需要在股权登记日收盘前依然持有该只股票。根据配售比例，投资者可以计算出原股东参与可转债优先配售所需要准备的配售资金。具体公式如下：

配售资金（元)=持股数量（股)×配售比例（元／股）

其中，

- 持股数量：是指原股东在股权登记日收盘后依然持有该只股票的股份数量（单位为股），具体持有的股票数量以登记在中国证券登记结算有限责任公司上海分公司（适用于在上交所上市的股票）或深圳分公司（适用于在深交所上市的股票）的数量为准；

- 配售比例：是指每股可以配售多少元可转债的比例（单位为元/股）。

下面我们以核建转债（沪市可转债）为例进行说明。通过查阅发行可转债公司的《公开发行可转换公司债券发行公告》，我们可以看到下面这样的陈述："原股东可优先配售核建转债数量为其在股权登记日（2019 年 4 月 4 日，T-1)收市后登记在册的持有中国核建的股份数量，按每股配售 1.141 元面值可转债的比例计算可配售可转债金额，再按 1000 元/手的比例转换为手数，每 1 手（10 张）为一个申购单位"。也就是说，中国核建（可转债对应的正股股票）的原股东可以以每股 1.141 元面值对手中持有的股票进行可转债的优先配售。

假设投资者持有 7000 股中国核建的股票，那么其作为中国核建的原股东打算参与核建转债的优先配售，则意味着他需要一直持有中国核建的股票到 2019 年 4 月 4 日（即股权登记日）之后才能获得对应可转债的配售资格。我们可以计算出此次原股东参与可转债优先配售需要准备多少配售资金：7000 股×1.141 元/股 ＝ 7987 元（约等于 8000 元），即 8 手可转债，故投资者的证券账户上需要准备好 8000 元可用资金。

打开券商的交易软件，输入"配售代码：764611"，确认"配售简称：核建配债"，选择交易方向"卖出"，输入"配售数量：8 手"，点击"确认"。在交易软件中配售沪市可转债（沪市配债）时，交易方向选择"卖出"；在配售深市可转债（深市配债）时，交易方向选择"买入"。在对沪深两市可转债进行配债操作时，投资者需要特别注意交易方向的选择，要尽量避免因为操作失误而带来的不必要的损失。

完成以上操作后，投资者可以检查一下账户资金，看看 8000 元是否已经被冻结。如果资金被冻结，则表示该笔原股东优先配售可转债的申购有效。之后，投资者还可以继续参与该只可转债的网上申购。

原股东优先配售日和网上申购日相同，均为 T 日。原股东在 T 日参与优先配售的部分，应当在原股东优先配售日申购时根据优先配售的可转债数量缴付足额资金。也就是说，原股东需要在优先配售日申购时将配售金额提前准备好，等待配售缴款。值得注意的是，原股东及社会公众投资者参与优先配售后的余额部分（含原股东放弃优先配售的部分）在进行网上申购时是不需要缴付申购资金的，在中签之后才需要缴付资金。

5

第5章

可转债的交易策略与
进阶思考

5.1 可转债信用打新策略

1. 策略的逻辑原理

可转债的网上申购策略（俗称可转债网上打新）是可转债交易策略中最简单的一种策略，也是风险最低的一种策略。可转债打新，特别适合资金量较小的个人投资者。只要投资者有证券账户就能申购，无论这个账户是否有股票市值，都不会影响投资者参与可转债打新，而且投资者可以顶格申购。

投资者在网上申购日（T日）进行打新操作时，并不需要缴纳任何资金。如果投资者在网上申购可转债中签的话，则需要确保其证券账户在 T+2

日的日终有足额的可转债认购资金，进而进行可转债中签缴款。在投资者中签缴款后，资金被占用的时间一般为 30 天左右，直到可转债上市交易。

在通常情况下，在可转债上市首日，投资者大概率可以获得 10%～20%的投资收益，如法兰转债在上市首日收盘上涨（简称为"收涨"）26.03%，最高涨幅为 33%，如图 5-1 所示；华阳转债在上市首日收涨 29.49%，最高涨幅为 39.48%，如图 5-2 所示；佳力转债上市首日收涨 13.04%，最高涨幅为 15.1%，如图 5-3 所示。如果投资者中签 10 张（或 1 手）可转债，则需要缴款 1000 元，故在可转债上市首日其大概率可以获得 100～200 元的收益。打新可转债属于一种低投入、低风险、高收益的投资方式，投资者可以长期坚持。

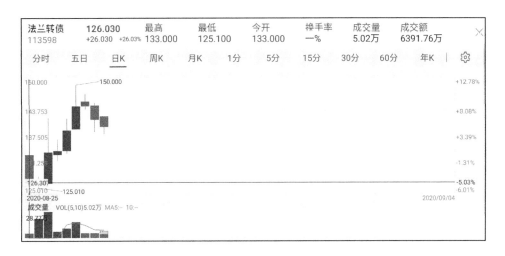

图 5-1 法兰转债上市首日收涨 26.03%

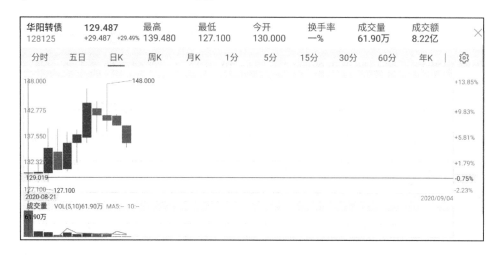

图 5-2　华阳转债上市首日收涨 29.49%

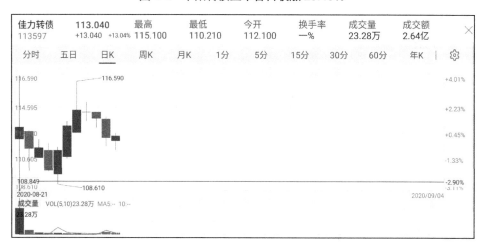

图 5-3　佳力转债上市首日收涨 13.04%

　　但是，也不排除存在个别破发（即新债价格跌破发行价）的可转债，如本钢转债上市首日仅仅收涨 0.07%，于盘中破发，最低价为 97.70 元，如图 5-4 所示。对于可转债打新，投资者还可以参考正股的质地与可转债的信用评级，这样可以避开一些较差的正股及信用评级较低的可转债，防止可转债上市破发的风险。

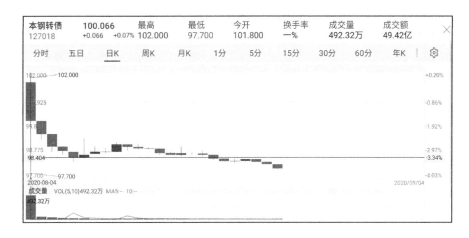

图 5-4　本钢转债上市首日仅收涨 0.07%

2. 策略的具体操作

网上打新可转债的操作步骤特别简单，投资者在几秒钟之内就可以轻松搞定。具体可以分为以下 3 步。

第 1 步：在证券账户中进行可转债打新申购，不同证券公司的软件交易界面可能不同，如图 5-5 所示。

图 5-5　在证券账户中进行可转债打新申购

第 2 步：找到可转债申购界面。在通常情况下，新股申购、科创板申购及可转债申购是分开操作的，投资者需要找到可转债申购的界面。在界面中，如果当日有新可转债可以参与申购，那么投资者直接点击可转债旁边的"申购"按钮即可。如图5-6所示，2020年9月4日，投资者可以参与宝莱发债的网上申购。

图 5-6 可转债申购界面

第 3 步：顶格申购可转债。近年来，由于可转债打新的性价比较高，因此参与可转债打新的投资者也越来越多，这就使得可转债打新中签率越来越低，资金容量也很有限。而投资者顶格申购一只可转债，如果运气好的话可能会中签10张或20张，也就是1000元或2000元，但近来在实际交易中中签数量较多的情况比较少见。因此，投资者一般不需要担心申购数量，可以直接顶格参与可转债打新。如图5-7所示，投资者可以顶格申购宝莱发债。

在完成上述3步之后，投资者就完成了可转债的网上打新。如果投资者打新中签，那么会收到券商的短信通知，到时候及时进行缴款就可以了。在一段时间内，如果可转债出现大量破发的情况，那么投资者就需要谨慎对待可转债的网上申购，但是出现这种情况的概率比较低。

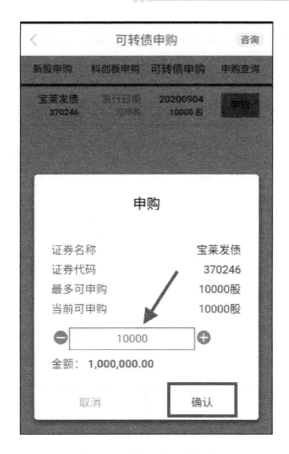

图 5-7　顶格申购宝莱发债

3. 策略的卖出原则

由于每一个参与可转债打新的投资者在资金储备、可转债知识储备、预期收益率、风险承受力等方面都不尽相同，因此，关于新债的卖出时间，一直以来都没有一个统一的标准与方法。一般来说，投资者可以参考以下 3 种卖出原则。

第 1 种：在可转债上市首日卖出。

对于资金量较少的投资者，可以在可转债上市首日相对高点的价格卖出可转债。然后，继续参与其他可转债的网上申购，将资金不断地循环使用。对于不理解可转债各种条款与交易规则的投资新手来说，可以在可转债上市首日直接卖出。

第 2 种：持有可转债至到期卖出。

可转债在具有低风险属性的同时，还具有高收益属性，即下有保底、上不封顶，具有看涨期权的特点。当投资者中签可转债时，可以持有该可转债至到期，来获得本金与利息收益。持有可转债至到期的收益率往往高于银行定期存款的收益率，这是一种不错的收益选择。但是，持有可转债至到期需要投资者拥有足够的耐心，要忽略可转债价格的波动，同时也要忍受长达数年的可转债存续时间。如果可转债在存续期内被可转债发行公司提前赎回，那么此时投资者可以直接卖出可转债，提前实现对收益的兑现。这时的收益，往往比持有至到期要高出不少。

第 3 种：持有可转债至目标价位卖出。

对于打中新债的投资者来说，若想博弈题材或者行情扩散效应的话，可以继续持有该可转债。当可转债价格上涨到投资者某一个心理价位时，可以选择及时卖出，兑现盈利。

无论哪种卖出方法，都有利弊，让自己觉得心安且舒适的投资方法就是最好的方法。

5.2 可转债双低轮动策略

1. 策略的逻辑原理

双低可转债，是指兼具低转债价格与低转股溢价率的可转债。我们可以建立一个笛卡尔坐标系，随后得到四种组合：高转债价格高溢价率（即双高可转债）、低转债价格高溢价率、低转债价格低溢价率（即双低可转债）及高转债价格低溢价率。

对于上述四种组合，每个组合都有其自己的适用范围，具体如下。

（1）高转债价格，高溢价率。①这种可转债的正股质地一般较好（常为行业龙头公司），可转债强赎确定性高。但是，高转债价格与高溢价率使得投资者要面临较大的风险；②一部分规模小的可转债，可能会偏离可转债的基本属性，成为被资金炒作的热点。

（2）低转债价格，高溢价率。对于低转债价格的可转债，其转股价值较低，债性强于股性，受大盘影响较小。当这类可转债触发下修条款时，公司会向下修正转股价格，进而使得低价格、高溢价的可转债变成低价格、低溢价的可转债。此时，这类可转债会出现不少好的投资机会。

（3）低转债价格，低溢价率。这种可转债的债性较强，安全防守性较好。与此同时，低溢价率说明这类可转债的股性较强，也就是说可转债价格和股票价格的联动性也强，同时可转债的进攻性也较好，是低风险投资者的优选。

（4）高转债价格，低溢价率。可转债价格高，说明它的债性弱；溢价率低，说明它的股性强。这类可转债一般适用于两种情况：①尚未进入转股期的高转债价格的可转债，同时这类可转债的信用评级可能较低；②已经进入转股期的高转债价格的可转债，这类可转债可能正在面临强制赎回的情况。

本节主要为投资者介绍低转债价格与低溢价率的可转债，这类可转债常常被称为"双低可转债"，是低风险投资者最爱的交易策略之一。

低转债价格，使得可转债具有较强的债性和防御性；低溢价率，使得可转债具有较强的股性和进攻性。

在理论上，溢价率越低，可转债价格与正股股价的联动性越强，可转债的进攻性就越强，可转债价格会随着正股股价的上涨而上涨；溢价率越高，可转债价格与正股股价的联动性越弱，可转债的进攻性就越弱，可转债价格就不一定会随着正股股价的上涨而上涨，甚至会出现下跌的情况。

我们该如何找到这些双低可转债呢？投资者可以从以下几个步骤来查找双低可转债数据。

第 1 步：在集思录网站中找到"实时数据"，进而找到"可转债"数据，如图 5-8 所示。

图 5-8　查找集思录中的可转债数据

第 2 步：在"可转债"数据首页的上方，靠近右侧，投资者可以通过"双低"选项找到双低可转债，如图 5-9 所示。

第 3 步：将双低值由低到高排序，可以选择排名比较靠前的，比如排序前 10 名的可转债进行投资。

此外，对于可转债的双低值，投资者也可以自己进行计算，计算公式如下：

双低值＝转债现价＋(转股溢价率×100)

在大部分可转债出现溢价的情况下，低风险投资者可以更多地关注可转债价格较低和转股溢价率较低的双低可转债。当市场多空博弈更加激烈时，配置这种可转债可以起到攻守兼备的效果。

到期时间	剩余年限	剩余规模(亿元)	成交额(万元)	换手率	到期税前收益	回售收益	双低
26-10-08	5.942	18.800	0.00	-	2.44%	购买	115.11
26-08-19	5.805	29.900	6624.98	2.06%	1.20%	购买	115.35
26-08-19	5.805	9.500	2527.96	2.46%	2.15%	购买	115.40
26-03-10	5.362	3.655	5559.47	12.72%	-0.85%	购买	119.00
24-11-25	4.074	20.000	13.90	0.01%	-0.00%	购买	119.03
25-01-09	4.197	15.000	543.68	0.33%	1.10%	购买	119.07
21-02-02	0.260	44.136	14385.98	3.03%	-3.22%	购买	119.13
25-04-09	4.444	16.336	2995.20	1.51%	-0.84%	购买	119.14

图 5-9　查找集思录中的双低可转债

2. 策略的具体操作

当投资者知道该如何选择双低可转债后，就要对双低可转债进行买卖操作了。在集思录网站中，投资者可以对可转债的双低值由小到大进行排序，然后买入排名靠前的可转债，建立一个可转债双低组合。双低可转债策略是一个动态轮动策略，需要投资者定期对组合进行调整，及时调出双低值偏高的可转债，同时调入双低值偏低的可转债，不断地进行高价可转债置换低价可转债的轮动操作。

对于所有中签的可转债及配售的可转债，当这些可转债上市以后，投资者可以观察它们是否符合双低可转债策略，若不符合则应及时卖出。

当可转债的价格不断上涨时，其就会逐渐变成纯股可转债，此时投资者可以考虑止盈卖出。此外，关于可转债的止盈，投资者可以参考可转债的强赎价格。如果一只可转债的强赎价格是 130 元，那么投资者可以在 125 元附近卖出；如果一只可转债的强赎价格是 120 元，那么投资者可以在 120 元以下卖出。如果投资者止盈卖出一只可转债后，其价格继续上涨，那么投资者也不要觉得后悔，要始终坚持自己的交易原则。

当可转债的价格不断下跌时，其就会逐渐变成纯债可转债。由于可转债具有债性特性，同时可转债持有人还受到回售条款、下修条款及赎回条款的保护，因此投资者可以继续持有该只可转债。

在使用双低轮动策略时，投资者不需要经常盯盘，只需要定期调整组合就好。无论是其策略本身的逻辑还是具体的执行操作，都让人比较容易理解。

5.3 正股涨停套利策略

1. 策略的逻辑原理

当正股股价涨停时，投资者无法直接买入正股，而可转债的价格不设涨跌幅度限制，投资者可以借道买入涨停的正股对应的可转债，实现间接持有正股；或者投资者可以在买入可转债后进行当日转股，实现直接持有正股。无论使用哪种方式，只要次日正股股价继续涨停或者是大幅度上涨，那么投资就可以实现套利。值得注意的是，投资者需要避开拥有过高转股溢价率的可转债，同时也需要关注次日正股股价继续上涨的持续性与可能性。

2. 策略的具体操作

在正股股价上涨的首日，投资者可以对标的进行预判，进而判断是否要使用正股涨停套利策略。该策略的具体操作过程可以分为以下 3 步。

第 1 步：找到涨停正股与正股涨停的原因。

当行业龙头公司遇到突发性行业利好信息或者公司本身遇到利好信息时，公司的股票价格容易出现涨停的情况。投资者可以在交易日的 9:30 或 14:30 找到涨停的正股，并分析其涨停的原因。如果投资者认为该股票在下一个交易日依然有大幅度上涨的可能性，那么就可以使用可转债的正股涨停套利策略。

第 2 步：找到正股对应的可转债，计算出其转股溢价率。

如果正股股价涨停，同时正股也有对应的可转债，那么投资者就可以好好研究一下该可转债，但涨停正股不一定有对应的可转债。如果可转债的转股溢价率很高（大于 30%），那么不建议投资者追高，因为过高的溢价率有可能会出现溢价率回撤，会间接亏掉套利收益，得不偿失。如果可转债的转股溢价率介于 10%～30%，我们可以结合正股质地、涨停原因、可转债评级、转股价格、转股价值等因素综合考量是否可以参与该可转债的套利。如果可转债的转股溢价率小于 10%，同时正股涨停，那么可以判断出这可能会是一个很好的套利机会，可以考虑买入该可转债。

第 3 步：掌握正股与可转债之间的转换关系。

在资本市场中，股票和可转债是两个相对独立的交易市场。投资股票的人不一定投资可转债，投资可转债的人也不一定投资投票，这就导致正股股票与其对应的可转债之间容易出现价格脱节的现象。换句话说，正股股票与可转债之间存在套利空间。股票与可转债之间有着千丝万缕的微妙联系，我们分以下三种情形进行讨论。

- **当日买入可转债，当日卖出可转债**：当正股股票涨停时，其对应可转债的涨幅可能只有 6%～8%。此时，投资者可以迅速买入相应的可转债，实现间接持有正股。因为可转债的价格不设涨跌幅度限制，所以当可转债的涨幅达到 10%或者更多时，投资者可以考虑立即卖出可转债，实现套利止盈。

- **当日买入可转债，次日卖出可转债**：当正股股票涨停时，如果投资者判断该只正股股票很强势，在第二天或未来几天仍有持续上涨的可能性，那么投资者可以选择继续持有该可转债。同时，投资者需要关注可转债的转股溢价率，当溢价率较高或者正股打开涨停板时，可以考虑卖出可转债。

- **当日买入可转债，当日债转股，次日卖出股票**：当正股股票涨停时，如果该可转债已经进入转股期，那么投资者可以在当日对可转债进行转股操作，进而实现直接持有正股的目的。若正股股价第二天继续维持强势上涨状态，则投资者可以及时卖出股票并实现套利了结。关于可转债的转股操作，投资者需要注意可转债的转股价格、溢价率等因素，尽量避免出现亏损的情况。

3. 策略的案例分析

以正股为威帝股份的威帝转债为例：2019 年 9 月 20 日，威帝股份在开盘出现"一字"涨停，分时图如图 5-10 所示，日 K 线图如图 5-11 所示。此时，我们要快速分析研究出正股股价涨停的原因：威帝股份的涨停大概率与近日出台的无人驾驶相关政策有关，该公司作为产业链中的一员，受益于无人驾驶概念的利好，故正股股价涨停。

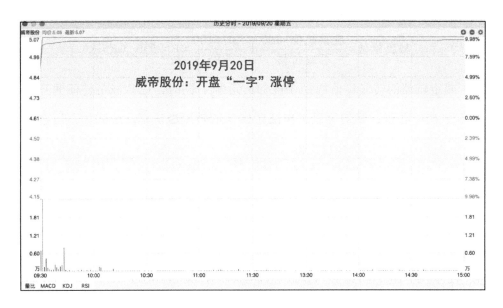

图 5-10　2019 年 9 月 20 日威帝股份分时图

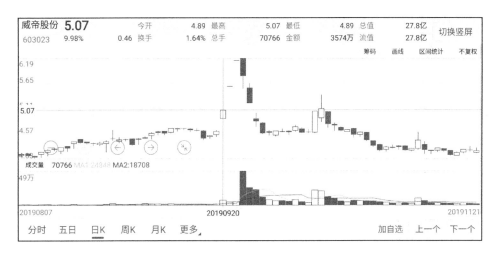

数据来源：东方财富 Choice 数据。

图 5-11　2019 年 9 月 20 日威帝股份日 K 线图

另外，威帝股份也有与之相对应的可转债，即威帝转债。当时威帝股份的股价为 5.07 元/股，转股价格为 4.85 元/股，我们可以用公式计算出威帝转债的转股价值，公式如下所示：

$$转股价值=\frac{股票现价×100}{转股价格}=\frac{5.07×100}{4.85}≈104.536（元/张）$$

威帝转债的转股价值约为 104.536 元/张。同时，已知威帝转债的开盘价格为 106 元/张，我们可以求出威帝转债的转股溢价率，公式如下所示：

$$转股溢价率=\left(\frac{转债价格}{转股价值}-1\right)×100\%=\left(\frac{106}{104.536}-1\right)×100\%≈1.40\%$$

威帝转债的即时（开盘时）转股溢价率约为 1.40%，近乎于平价可转债，非常适合使用正股涨停套利策略。鉴于威帝股份因涨停而无法直接买入，投资者可以直接买入威帝转债。当日，威帝转债上涨 8.19%，如图 5-12 所示。

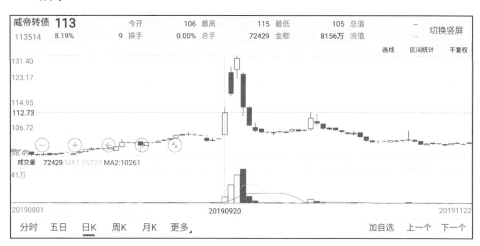

数据来源：东方财富 Choice 数据。

图 5-12　2019 年 9 月 20 日威帝转债上涨 8.19%

在 2019 年 9 月 20 日收盘时，威帝转债的收盘价格为 113 元/张，我们可以求出威帝转债的转股溢价率，公式如下所示：

$$转股溢价率 = \left(\frac{转债价格}{转股价值} - 1\right) \times 100\% = \left(\frac{113}{104.536} - 1\right) \times 100\% \approx 8.09\%$$

威帝转债的即时（收盘时）转股溢价率约为 8.09%，并不太高。笔者预判在下一个交易日威帝股份大概率还会继续上涨，故依然持有威帝转债。2019 年 9 月 23 日，威帝股份全天"一字"涨停，分时图如图 5-13 所示，日 K 线图如图 5-14 所示。

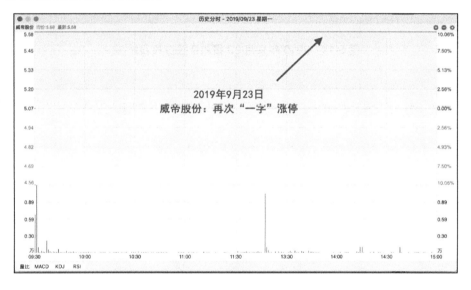

图 5-13　2019 年 9 月 23 日威帝股份分时图

2019 年 9 月 23 日，威帝股份的涨停股价为 5.58 元/股，转股价格为 4.85 元/股，我们用公式计算出威帝转债的转股价值为 115.052 元/张。同时，已知威帝转债的开盘价格为 126 元/张，我们用公式求出威帝转债的转股溢价率为 9.52%，这依然在可以接受的范围内，笔者继续持有威帝转债。当日，威帝转债上涨 5.54%，如图 5-15 所示。

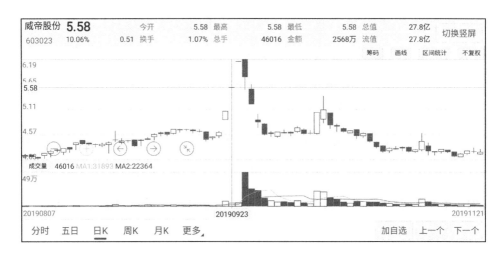

数据来源：东方财富 Choice 数据。

图 5-14　2019 年 9 月 23 日威帝股份 K 日线图

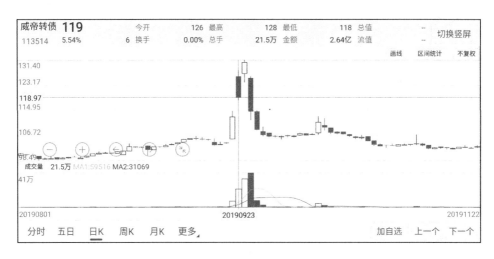

数据来源：东方财富 Choice 数据。

图 5-15　2019 年 9 月 23 日威帝转债上涨 5.54%

在 2019 年 9 月 23 日收盘时，威帝转债的收盘价格为 119 元/张，我们用公式求出威帝转债的转股溢价率为 3.43%，这并不太高。鉴于威帝股份全天"一字"涨停，涨势依旧强劲，笔者预判在下一交易日正股大概率还会继续上涨，所以依然持有威帝转债。2019 年 9 月 24 日，威帝股份再次全天"一字"涨停，分时图如图 5-16 所示，日 K 线图如图 5-17 所示。

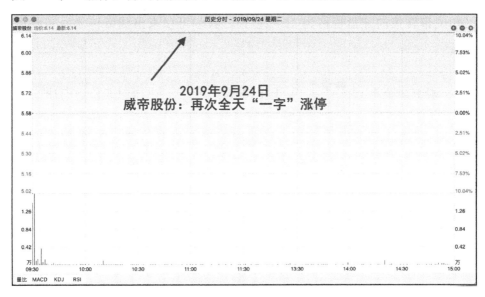

图 5-16　2019 年 9 月 24 日威帝股份分时图

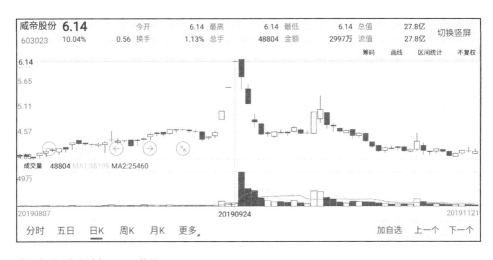

数据来源：东方财富 Choice 数据。

图 5-17　2019 年 9 月 24 日威帝股份日 K 线图

2019 年 9 月 24 日，威帝股份的涨停股价为 6.14 元/股，转股价格为 4.85 元/股，我们用公式计算出威帝转债的转股价值为 126.598 元/张。同时，已知威帝转债的开盘价格为 127 元/张，我们可以求出威帝转债的转股溢价率。

$$转股溢价率 = \left(\frac{转债价格}{转股价值} - 1 \right) \times 100\% = \left(\frac{127}{126.598} - 1 \right) \times 100\% \approx 0.318\%$$

威帝转债的即时（开盘时）转股溢价率约为 0.318%，几乎为平价可转债，笔者决定依然持有威帝转债。当日，威帝转债上涨 9.73%，如图 5-18 所示。

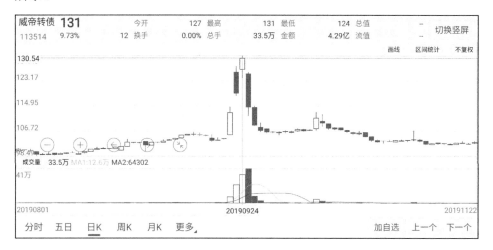

数据来源：东方财富 Choice 数据。

图 5-18　2019 年 9 月 24 日威帝转债上涨 9.73%

在 2019 年 9 月 24 日收盘时，威帝转债的收盘价格为 131 元/张，我们用公式计算出威帝转债的转股溢价率为 3.477%，这并不算高。鉴于威帝股份全天"一字"涨停，涨势依旧强劲，笔者依然持有威帝转债。2019 年 9 月 25 日开盘后，威帝股份没有延续之前的上涨，分时图如图 5-19 所示，日 K 线图如图 5-20 所示。因此，笔者在开盘后不久就卖出了威帝转债。

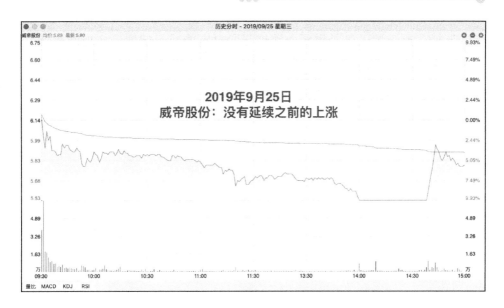

图 5-19　2019 年 9 月 25 日威帝股份分时图

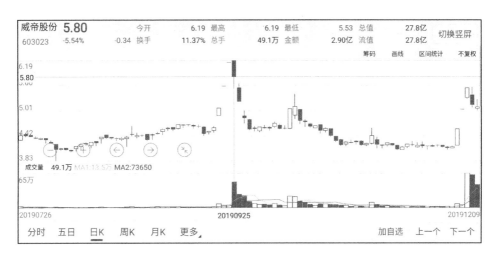

数据来源：东方财富 Choice 数据。

图 5-20　2019 年 9 月 25 日威帝股份日 K 线图

　　自 2019 年 9 月 20 日至 9 月 24 日，正股威帝股份累计上涨 33.19%，如图 5-21 所示，对应的威帝转债累计上涨 25.28%，如图 5-22 所示。当正股威帝股份涨停时，投资者无法直接买入正股。由于可转债价格不设涨跌幅度限制，投资者可以借道买入涨停正股对应的威帝转债，实现间接持有正股，依然可以获利 25.28%。

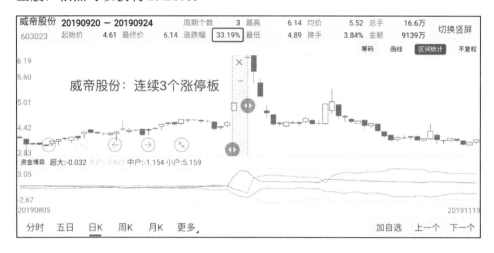

数据来源：东方财富 Choice 数据。

图 5-21　2019 年 9 月 20 日至 9 月 24 日威帝股份连续 3 个涨停板

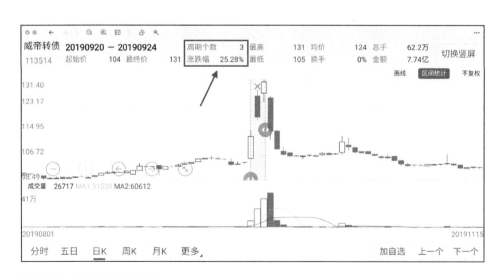

数据来源：东方财富 Choice 数据。

图 5-22　2019 年 9 月 20 日至 9 月 24 日威帝转债累计上涨 25.28%

综上，当正股威帝股份涨停时，威帝转债的转股溢价率较低（小于 10%），这是一个很好的套利机会。此时，投资者买入可转债可以实现获利。但是，当正股封死涨停时，可转债的转股溢价率较高，此时投资者需要谨慎操作。

5.4　正股替代套利策略

1. 策略的逻辑原理

正股替代，是指当可转债符合某些标准时，投资者可以直接买入可转债作为正股的替代品。我们可以从以下 4 种情况进行分析，即可转债相对正股折价、正股股价涨停、正股预期不确定但转股溢价率较低、投资者进行 T+0 短线交易。

2. 具体情况分析

（1）可转债相对正股折价。

我们通常把没有溢价的可转债视为正股的替代品，在可转债尚未进入转股期时，持有溢价率小于零的可转债就相当于持有具有一定折价幅度的正股，如图 5-23 所示。以正股为寿仙谷的寿仙转债为例，2020 年 9 月 3 日上午，寿仙转债相对于正股寿仙谷折价 4.77%，此时溢价率为-4.77%（图 5-24），说明持有可转债相当于持有一定折价幅度的正股。同时，我们可以在图 5-24 中看到，寿仙转债的溢价率是斜体灰色的，这说明该可转债尚未进入转股期。

代码	转债名称	现 价	涨跌幅	正股名称	正股价	正股涨跌	PB	转股价	转股价值	溢价率
113599	嘉友转债	100.000	0.00%	嘉友国际	32.32	-2.09%	3.71	24.82	130.22	-23.21%
113038	隆20转债	100.000	0.00%	隆基股份 R	67.82	-0.28%	8.67	52.77	128.52	-22.19%
113581	龙蟠转债	282.810	3.97%	龙蟠科技	30.10	5.02%	6.59	9.48	317.51	-10.93%
123064	万孚转债	100.000	0.00%	万孚生物 R	102.46	0.47%	15.11	93.55	109.52	-8.69%
113586	上机转债	200.750	5.90%	上机数控	71.68	5.57%	9.39	33.31	215.19	-6.71%
113575	东时转债	150.890	0.57%	东方时尚 R	23.50	-0.84%	8.04	14.56	161.40	-6.51%
128128	齐翔转2	100.000	0.00%	齐翔腾达 R	8.71	-0.34%	1.99	8.22	105.96	-5.62%
113580	康隆转债	146.010	2.36%	康隆达	23.89	2.80%	3.40	15.51	154.03	-5.21%
113571	博特转债	178.350	-1.45%	苏博特	35.45	-0.98%	4.23	18.88	187.76	-5.01%
128108	蓝帆转债	141.050	0.40%	蓝帆医疗 R	26.36	0.61%	2.93	17.79	148.17	-4.81%
113585	寿仙转债	135.280	0.96%	寿仙谷	40.74	1.12%	4.83	28.68	142.05	-4.77%
123051	今天转债	132.500	-0.38%	今天国际	12.21	-1.37%	4.44	8.80	138.75	-4.50%
128104	裕同转债	160.551	0.60%	裕同科技	38.99	1.99%	5.30	23.24	167.77	-4.30%
123046	天铁转债	151.470	-0.06%	天铁股份	16.00	-0.56%	4.55	10.12	158.10	-4.19%
113572	三祥转债	139.610	0.17%	三祥新材	20.35	-0.63%	6.41	14.19	143.41	-2.65%
123056	雪榕转债	146.479	0.06%	雪榕生物	17.79	0.40%	4.12	11.89	149.62	-2.10%

图 5-23　截至 2020 年 9 月 3 日，尚未进入转股期的部分折价可转债

代码	转债名称	现 价	涨跌幅	正股名称	正股价	正股涨跌	PB	转股价	转股价值	溢价率
113599	嘉友转债	100.000	0.00%	嘉友国际	32.32	-2.09%	3.71	24.82	130.22	-23.21%
113038	隆20转债	100.000	0.00%	隆基股份 R	67.82	-0.28%	8.67	52.77	128.52	-22.19%
113581	龙蟠转债	282.810	3.97%	龙蟠科技	30.10	5.02%	6.59	9.48	317.51	-10.93%
123064	万孚转债	100.000	0.00%	万孚生物 R	102.46	0.47%	15.11	93.55	109.52	-8.69%
113586	上机转债	200.750	5.90%	上机数控	71.68	5.57%	9.39	33.31	215.19	-6.71%
113575	东时转债	150.890	0.57%	东方时尚 R	23.50	-0.84%	8.04	14.56	161.40	-6.51%
128128	齐翔转2	100.000	0.00%	齐翔腾达 R	8.71	-0.34%	1.99	8.22	105.96	-5.62%
113580	康隆转债	146.010	2.36%	康隆达	23.89	2.80%	3.40	15.51	154.03	-5.21%
113571	博特转债	178.350	-1.45%	苏博特	35.45	-0.98%	4.23	18.88	187.76	-5.01%
128108	蓝帆转债	141.050	0.40%	蓝帆医疗 R	26.36	0.61%	2.93	17.79	148.17	-4.81%
113585	寿仙转债	135.280	0.96%	寿仙谷	40.74	1.12%	4.83	28.68	142.05	-4.77%
123051	今天转债	132.500	-0.38%	今天国际	12.21	-1.37%	4.44	8.80	138.75	-4.50%
128104	裕同转债	160.551	0.60%	裕同科技	38.99	1.99%	5.30	23.24	167.77	-4.30%
123046	天铁转债	151.470	-0.06%	天铁股份	16.00	-0.56%	4.55	10.12	158.10	-4.19%
113572	三祥转债	139.610	0.17%	三祥新材	20.35	-0.63%	6.41	14.19	143.41	-2.65%
123056	雪榕转债	146.479	0.06%	雪榕生物	17.79	0.40%	4.12	11.89	149.62	-2.10%

图 5-24　截至 2020 年 9 月 3 日上午，寿仙转债折价 4.77%

当可转债处于即将进入转股期或刚刚进入转股期时，在理论上折价幅度会逐渐缩小；当可转债处于转股期时，投资者可以买入可转债并使用折价转股套利策略。如图 5-25 所示，以首行奥佳转债为例，它的溢价率为 −0.63%（即折价率为 0.63%），此时虽然可转债可以替代正股，但是折价率太低，不太适合替代正股，也不太适合使用折价转股套利策略。

代码	转债名称	现价	涨跌幅	正股名称	正股价	正股涨跌	PB	转股价	转股价值	溢价率	纯价
128097	奥佳转债	164.911	-2.71%	奥佳华	17.74	-5.84%	2.81	10.69	165.95	-0.63%	
123027	蓝晓转债	174.480	-0.24%	蓝晓科技	51.63	1.24%	7.92	29.33	176.03	-0.88%	
113598	法兰转债	142.220	-1.76%	法兰泰克	19.91	-0.20%	4.13	13.88	143.44	-0.85%	
113592	安20转债	168.390	0.69%	安井食品	196.34	-0.11%	15.62	115.90	169.40	-0.60%	
113587	泛微转债	157.060	-3.04%	泛微网络	102.09	-2.21%	23.49	64.33	158.70	-1.03%	
110042	航电转债!	119.970	-1.23%	中航电子	17.05	-1.56%	3.83	14.12	120.75	-0.65%	
113561	正裕转债	132.090	-0.09%	正裕工业	13.57	-0.29%	3.34	10.23	132.65	-0.42%	
113565	宏辉转债	129.560	-1.29%	宏辉果蔬	13.01	-1.89%	4.47	10.00	130.10	-0.42%	
113019	玲珑转债!	134.670	2.21%	玲珑轮胎	24.49	2.34%	2.56	18.12	135.15	-0.36%	
123038	联得转债	140.601	1.15%	联得装备	35.79	0.59%	6.94	25.29	141.52	-0.65%	
123063	大禹转债	126.850	-1.51%	大禹节水	6.28	-5.14%	3.40	4.94	127.13	-0.22%	
123020	富祥转债!	222.537	-0.44%	富祥药业	20.74	-0.48%	5.42	9.28	223.49	-0.43%	
128084	木森转债!	122.697	0.57%	木林森	15.74	0.70%	2.16	12.80	122.97	-0.22%	
113554	仙鹤转债!	161.580	-0.25%	仙鹤股份	21.47	-0.32%	3.79	13.27	161.79	-0.13%	
113547	索发转债!	132.480	-0.74%	索通发展	13.97	-0.78%	2.04	10.52	132.79	-0.23%	
123044	红相转债	153.785	-2.61%	红相股份	29.00	-3.43%	4.35	18.80	154.26	-0.31%	

图 5-25　截至 2020 年 9 月 3 日，转股期内的部分折价可转债

当可转债相对于正股折价时，如果投资者对该可转债对应的正股感兴趣，那么就可以配置该可转债。也就是说，投资者可以以一个"折扣价格"买到正股。当正股对应的可转债出现折价时，持有正股的投资者也可以配置可转债进行套利操作。换句话说，当持有正股不如持有可转债划算时，投资者可以配置可转债进而替代正股。

（2）正股股价涨停。

如前文所述，当正股股价涨停时，投资者无法直接买入正股。由于可转债价格不设涨跌幅度限制，投资者可以通过买入涨停正股对应的可转债，实现间接持有正股，或者在买入可转债后进行当日转股，实现直接持有正股。

（3）正股预期不确定但转股溢价率较低。

当正股股价大幅上涨时，可转债的转股溢价率越低，可转债价格和股票价格之间的联动性就越强，即正股大幅上涨，可转债价格大概率可能会随之大幅上涨；可转债的转股溢价率越高，可转债价格和股票价格之间的联动性就越弱，即正股股价大幅上涨，可转债价格不一定会随之大幅上涨。当正股股价持续上涨触发可转债的提前赎回条款（有条件赎回条款）时，可转债会以被强赎的形式终结。如果投资者持有的是低转债价格与低溢价率的可转债，那么即使遇到可转债被强赎的情况，投资者依然可以控制好风险。可转债后续走势较为依赖于正股的表现，一旦正股出现回调，高价可转债的涨势将难以为继。此时，就要求投资者要尽量避开高转债价格与高溢价率的双高可转债，谨防可转债价格回调风险，避免出现不必要的投资损失。因此，当正股股价上涨时，我们要选择低转债价格、低溢价率的可转债。

以正股为大禹节水的大禹转债为例：自 2020 年 8 月 27 日至 9 月 3 日盘中，大禹节水股价累计涨幅 7.44%（图 5-26）。同期，大禹转债价格累计涨幅为 7.4%（图 5-27）。2020 年 9 月 3 日盘中，当大禹转债价格为 126.26 元/张时，对应的溢价率仅为 0.79%（图 5-28），接近于平价，这意味着可转债价格与股票价格之间的联动性较强。如果投资者看好正股未来的走势，则可以买入溢价率较低的可转债。

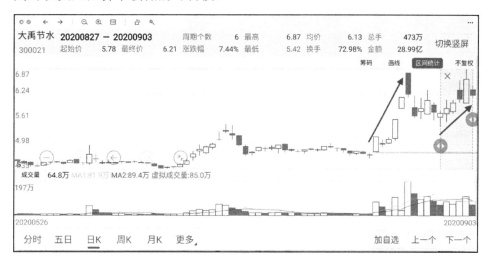

数据来源：东方财富 Choice 数据。

图 5-26　2020 年 8 月 27 日至 9 月 3 日，大禹节水日 K 线走势图

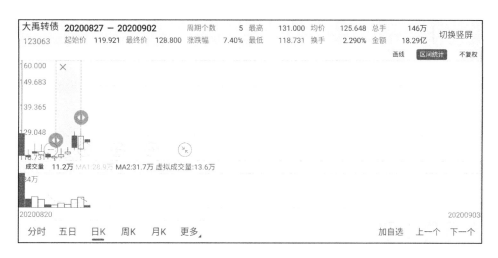

数据来源：东方财富 Choice 数据。

图 5-27　2020 年 8 月 27 日至 9 月 2 日，大禹转债日 K 线走势图

大禹转债 – 123063（正股：大禹节水 – 300021 　行业：农林牧渔–农业综合Ⅱ–农业综合Ⅲ）						+自选
价格：126.26		转股价值：125.30		税前收益：0.03%		成交(万)：14081.26
涨幅：–1.97%		溢价率：0.79%		税后收益：–0.71%		剩余年限：5.899
转股起始日	2021-02-03	回售起始日	2025-07-28	到期日	2026-07-27	发行规模(亿)	6.380
转股价	4.94	回售价	100.00	赎回价	120.00	剩余规模(亿)	6.380
股东配售率	68.99%	转股代码	未到转股期	质押代码	–	债券评级	AA–
网上中签率	0.0027%	已转股比例	0.00%	折算率	0.000	主体评级	AA–
担保	无担保						
转股价下调	当公司股票在任意连续三十个交易日中至少十五个交易日的收盘价格低于当期转股价格 85%时						
强制赎回	如果公司股票在任意连续三十个交易日中至少十五个交易日的收盘价格不低于当期转股价格的 130%(含 130%)						
回售	本次发行的可转债最后一个计息年度，如果公司股票在任意连续三十个交易日的收盘价格低于当期转股价格的70%时						
利率	第一年为 0.4%，第二年为 0.6%，第三年为 1.2%，第四年为 1.8%，第五年为 2.5%，第六年为 3.0%						
税前YTM 计算公式	$2.50/(1+x)^{4.899} + 1.80/(1+x)^{3.899} + 1.20/(1+x)^{2.899} + 0.60/(1+x)^{1.899} + 0.40/(1+x)^{0.899} + 120.000/(1+x)^{5.899} - 126.2930 = 0$						

图 5-28　2020 年 9 月 3 日，大禹转债盘中溢价率为 0.79%

当正股股价下跌时，投资者可能会亏损，但是，当可转债价格下跌时，可转债作为债券，投资者将其持有到期是可以被还本付息的。同时，投资者也会受到可转债下修条款与回售条款的保护。所以，当正股股价下跌时，可转债价格的跌幅可能会低于正股股价的跌幅，此时选择可转债优于选择正股。

以正股为海马汽车的海马转债（现已退市）为例：海马转债的存续期为 2008 年 1 月 30 日至 2009 年 5 月 27 日，期间最低价格为 105 元/张，最高价格为 164 元/张。同时，海马转债的退市价格为 160.41 元/张。同期，海马汽车（现为 ST 海马）的股票价格一路下跌，累计跌幅为 58.51%，如图 5-29 所示。

在海马转债转股期内，正股股价一路下跌，公司为了避免触发可转债回售条款的生效，被迫选择多次下调转股价格。如表 5-1 所示，我们可以看到海马转债历次向下修正转股价格的信息，是迄今转股价格下调幅度最大的可转债，下修幅度高达 80%。

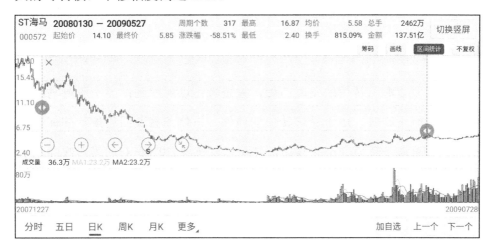

数据来源：东方财富 Choice 数据。

图 5-29　海马汽车（ST 海马）日 K 线走势图

表 5-1　海马转债转股价格下修历程

	可转债价格 （元/张）	股票价格 （元/股）	转股价格 （元/股）	转股价值 （元）	等效股数 （股）
上市首日 2008-01-30	119.70	14.27	18.33	77.85	5.46
分红除权日 2008-06-13	106.77	6.28	18.28	34.35	5.47
第一次下修 2008-08-25	106.40	3.80	5.03	75.55	19.88
第二次下修 2008-11-07	106.40	3.11	3.60	86.39	27.78
强赎公告日 2009-05-05	150.27	5.48	3.60	152.22	27.78
最后交易日 2009-05-27	160.41	5.85	3.60	162.50	27.78

虽然海马汽车多次下调了转股价格，但是正股股价依然持续下跌。海马汽车的股价在 2009 年 3 月 17 日至 4 月 28 日连续 30 个交易日中，有 20 个交易日收盘价格高于当期转股价格的 130%（含 130%），根据募集说明书的约定，这已触发海马转债的赎回条款。最后，海马汽车以 103 元/张的价格赎回了全部未转股的海马转债。2009 年 6 月 9 日，海马转债摘牌退市。

通过复盘海马转债的发展历程，投资者可以观察到：当正股海马汽车的股价大幅下跌时，由于受可转债的债性、下修条款及回售条款的保护，投资者持有海马转债并不会亏损，甚至可以实现 30%左右的绝对收益。但是，如果投资者当时买入了该只正股，那么可能就无法挽回巨大的投资损失了。

（4）投资者进行 T+0 短线交易

可转债可以实行 T+0 回转交易，即当天买入、当天卖出。同时，可转债的交易成本较低，是日内交易的优选项目。

综上，当可转债相对应的正股折价（即溢价率为负）时，如果投资者对该可转债对应的正股感兴趣，那么就可以配置该只可转债，相当于持有（折价）正股。对于本身就持有正股的投资者，当正股对应的可转债出现折价时，投资者也可以配置可转债进行套利操作。

5.5　折价转股套利策略

1. 策略的逻辑原理

折价转股套利，是指在转股期内，当可转债价格相对于正股价格折价时，投资者可以买入折价的可转债，以约定价格转换成股票。当转股后成本低于正股股价的时候，投资者卖出正股即可实现折价转股套利。

当可转债价格低于转股价值时，可转债处于折价状态；当可转债价格等于转股价值时，可转债处于平价状态；当可转债价格高于转股价值时，可转债处于溢价状态。因为可转债具有看涨期权的属性，所以绝大部分可转债属于溢价可转债。在转股期内，当可转债相对于正股价格折价时，投资者可以留意折价转股套利机会。可转债折价幅度越大、转股间隔时间越短，投资者套利的安全性就越高。在实际交易中，当折价率的绝对值大于2%时，投资者可以考虑折价套利策略。如果折价率的绝对值太小，正股股价的波动和手续费会将套利空间磨平，就不值得进行套利操作了。

2. 策略的具体操作

折价转股套利策略，是指投资者买入折价的转股期内的可转债之后当日转换成正股股票，第二天卖出股票的一种套利策略。投资者可以通过以下步骤来实施这种套利策略。

第 1 步：在每个交易日的 14:20，找到折价率在 2%以上的转股期内的可转债。

投资者可以在每个交易日的 14:20 打开集思录网站，寻找折价率在 2%以上（即溢价率要小于等于-2%）的可转债。同时，这些折价可转债需要在转股期内。如图 5-30 所示，尚未进入转股期的可转债，其溢价率呈现灰色浅字体；在转股期内的可转债，其溢价率为黑色深字体。投资者可以清晰地看出哪些可转债处于转股期内。

如果当天没有出现折价率在 2%以上的可转债，则建议投资者放弃套利操作。同样，在图 5-41 中，我们可以看到图中标注的三个在转股期内的可转债（即航电转债、唐人转债、九洲转债），它们的折价率（图中可转债的溢价率＜0，即为折价率）都太低，投资者可以直接放弃套利操作。

代码	转债名称	现 价	涨跌幅	正股名称	正股价	正股涨跌	PB	转股价	转股价值	溢价率	纯价
123062	三超转债	126.364	2.90%	三超新材	22.25	7.90%	4.14	17.17	129.59	-2.49%	
113566	翔港转债	127.530	3.57%	翔港科技	14.06	6.03%	4.67	10.77	130.55	-2.31%	
113572	三祥转债	138.720	0.39%	三祥新材	20.11	0.00%	6.33	14.19	141.72	-2.12%	
113035	福莱转债	175.850	-0.09%	福莱特R	24.35	-0.37%	10.07	13.56	179.57	-2.07%	
128112	歌尔转2	180.700	-0.77%	歌尔股份R	42.46	-1.37%	8.66	23.27	182.47	-0.97%	
123044	红相转债	150.300	-2.20%	红相股份	28.50	-1.83%	4.28	18.80	151.60	-0.85%	
123056	雪榕转债	143.050	-1.43%	雪榕生物	17.14	-0.98%	3.97	11.89	144.15	-0.77%	
128102	海大转债	203.000	-1.65%	海大集团R	71.05	-2.40%	11.37	34.74	204.52	-0.74%	
110042	航电转债!	119.480	-0.97%	中航电子R	16.99	-0.99%	3.81	14.12	120.33	-0.70%	
128092	唐人转债!	126.980	-1.57%	唐人神R	11.02	-1.08%	2.70	8.63	127.69	-0.56%	
123030	九洲转债	143.099	-1.72%	九洲集团	8.13	-2.17%	1.37	5.65	143.89	-0.55%	

图 5-30　折价可转债

第 2 步：买入折价率在 2%以上的转股期内的可转债，当日卖出或当日转股。

当投资者找到折价率在 2%以上的转股期内的可转债时，可以直接买入该只可转债，然后立即进行转股委托。在交易软件中找到"转股回售"（图 5-31），然后选择"可转债转股"（图 5-32），输入相应的可转债代码、转股数量，但不用输入委托价格。在转股委托生成后，可转债并没有被锁定，投资者依然可以对持有的可转债进行买卖交易。这时，投资者可以观察尾盘是否有大量套利盘涌入。如果尾盘有大量套利盘涌入，可转债价格可能会被动升高，此时可转债的折价率会降低。当折价率降低到 1%或者更小时，投资者可以立刻卖出可转债，实现日内折价套利。此时，投资者的持仓里已经没有可转债了，系统会将转股委托视为无效委托。如果在收市前可转债的折价率变高，那么投资者在次日（T+1 日）卖出股票进行折价套利的概率会升高。

图 5-31　转股回售

图 5-32　可转债转股操作

第 3 步：次日卖出股票。

沪深两市的可转债均实行当日回转交易（T+0），投资者可以在当日买入可转债，也可以在当日卖出，而转股实行 T+1 交易规则。由于交易规则的不同，使得折价转股套利策略在使用过程中存在一定的不确定性。如果次日开盘价差消失，甚至低开较多，那么套利可能失败。换句话说，若股票的卖出价格相比买入可转债时的价格是上涨或者持平的，那么使用折价转股套利策略就可以实现盈利；若股票的卖出价格相比买入可转债时的价格是大幅下跌的，那么使用折价转股套利策略则会导致账户亏损。

以正股为奥佳华的奥佳转债为例：在 2020 年 9 月 2 日收盘前，奥佳转债的溢价率为-3.82%，即折价 3.82%。如果次日开盘正股奥佳华的价格跌幅不超过 3.82%，就意味着投资者折价转股套利成功，否则账户亏损。遗憾的是，在 9 月 3 日开盘时，正股价格直接低开-4%，随后不断下跌，最低至-9.34%，如图 5-33 所示。此时，无论投资者如何操作，这笔套利操作都是亏损的。通过这个案例，投资者也可以清晰地了解到，折价转股套利策略会受到隔日交易制度的影响，也会受到正股价格下跌的影响。

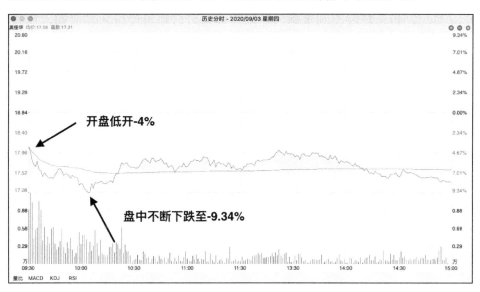

图 5-33 2020 年 9 月 3 日奥佳华分时图

若投资者选中的折价可转债对应的正股正好是融资融券标的，那么使用折价转股套利策略的胜率会更高，接近于无风险套利。具体来说，当投资者买入折价可转债时，融券卖出正股，此时价差利润已经被锁定。次日，投资者再把可转债转换的股票还给证券公司，此时正股股价的涨跌跟投资者没有关系。在使用这种方法时，投资者需要注意可转债的价差率与单日融券利率。

反之，当市场处于调整期时，投资者可以将手中持有的已发行可转债的正股换成相应的折价可转债。如果市场出现调整，那么投资者承受的回撤会更小。

3. 策略的风险提示

在使用折价转股套利策略时，投资者需要注意以下四点内容。

第一，折价转股套利策略的使用前提是可转债已经进入转股期，如果一只可转债出现折价较多的情况，但是它尚未进入转股期，那么投资者是不能对其进行转股操作的，只能承受可转债价格的上下波动。

第二，使用折价转股套利策略要求投资者在买入可转债的当天（T 日）进行转股委托，转股会在 T+1 日生效。关于转股委托，投资者需要提前查好相应可转债的转股代码。深市可转债的转股代码与可转债代码一致，沪市可转债的转股代码与可转债代码不同，需要提前准备好，以防错过当日的转股委托。

第三，如果可转债折价率在 2%以上，但是正股价格跌幅较大，甚至出现跌停现象。此时，投资者尽量不要参与这种"危险"的套利，因为股票价格有涨跌幅限制，但是可转债价格没有这种限制。

第四，次日正股股价的涨跌具有一定的不确定性。可转债实行当日回转交易（T+0），投资者可以在当日对可转债进行买卖。然而，转股实行的是 T+1 交易规则，投资者需要忍受一天的正股股价的价格波动。因为可转债与正股之间的交易规则不同，所以折价转股套利策略在使用过程中存在一定的不确定性。

5.6　博弈下修转股价格策略

1. 策略的逻辑原理

向下修正可转债转股价格条款，简称为可转债下修条款，是可转债的核心条款之一。当公司股价满足转股价格向下修正的前提条件时，公司有权选择下修转股价格，也有权选择不下修转股价格。当公司股票价格即将触发回售条款时，控股股东可能会有意愿提出转股价格向下修正的议案，而不是达到条件后就立即向下修正。也就是说，下修转股价格是可转债发行公司的权利而非义务。当公司决定下修转股价格时，可以分为被动下修转股价格与主动下修转股价格，具体分析如下。

第一，公司为避免回售而被动下修转股价格。当可转债进入回售期（通常为可转债存续期的最后两年），同时正股价格下跌时，可转债的回售条款存在被触发生效的可能性，这时可转债发行公司就不得不面临可转债的回售压力。如果可转债发行公司资金紧张或者不愿意这么早进行回售，那么公司可以在回售条款被触发生效前通过下修转股价格来巧妙地规避可转债回售。转股价格一旦下修，公司立马就可以从回售危机中"脱身"。同时，对于投资者来说，每一次转股价格的下修，都是千载难逢的"捡钱"机会，因为可转债的转股价值因转股价格的下修而提高了，投资者继而可以获得投资收益。

第二，公司为促进转股而主动下修转股价格。有些可转债发行公司的资金充裕，没有回售压力，但公司也在积极向下修正转股价格，就是为了向可转债持有人表明其强烈的转股意愿。在通常情况下，银行类可转债的发行公司一般具有较强的转股意愿，会积极促进下修，如江银转债与常熟转债等。2018 年 8 月 24 日，常熟银行发布向下修正常熟转债转股价格的公告，常熟转债的转股价格将由 7.43 元/股下调为 5.76 元/股，并于 2018 年 8 月 27 日起开始实施。通过观察图 5-34，我们可以发现自常熟转债向下修正转股价格后，常熟转债的价格持续上涨，这也是投资者可以参与博弈的套利机会。对于银行类可转债来说，只有在可转债转股后，银行才能补充核心一级资本。

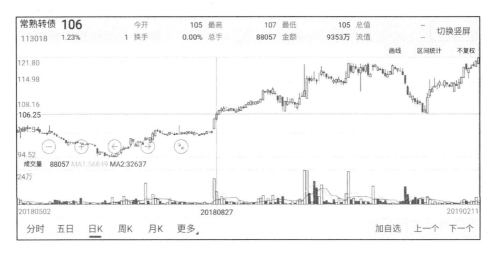

数据来源：东方财富 Choice 数据。

图 5-34　自 2018 年 8 月 27 日起常熟转债价格走高

此外，很多非银行类可转债的发行公司也有强烈意愿进行转股价格的下修，投资者可以通过买入可转债来博弈公司下修转股价格。当公司发布董事会决议下修转股价格公告时，可转债的转股价值会上升，可转债价格大概率也会提高。随后，投资者可以直接获利卖出可转债，也可以转股成为公司股东，进而成功实现下修博弈套利。以正股为济川药业的济川转债为例：2020 年 2 月 14 日，济川药业审议通过了向下修正济川转债转股价格的议案，2020 年 2 月 17 日，济川转债收涨 9.42%，如图 5-35 所示。如果投资者在转股价格下修之前潜伏买入可转债，博弈可转债下修转股价格，那么将会获得不错的收益。

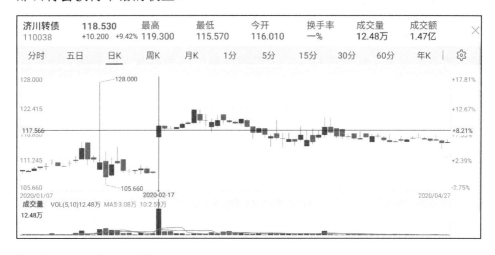

数据来源：东方财富 Choice 数据。

图 5-35　2020 年 2 月 17 日济川转债收涨 9.42%

可转债转股成功，对发行上市公司与可转债持有人来说是一个双赢的结果。投资者可以将持有的可转债转换成股票，由债权人转变成公司股东，而发行公司也不用偿还债了。但是，需要投资者注意的是，博弈下修转股价格策略对投资者的要求较高，需要对正股股票有一个全面的了解，同时对未来的形势有所预判。

2. 策略的风险提示

向下修正转股价格是可转债发行公司的权利而非义务。当公司正股股价满足转股价格向下修正的前提条件时，公司有权选择下修转股价格，也有权选择不下修转股价格。这就使得投资者需要了解博弈上市公司下修转股价格的意愿与可能性。

当公司董事会提议向下修正可转换公司债券转股价格的议案，同时提请股东大会授权董事会办理本次向下修正可转债转股价格相关事宜的议案时，投资者可以博弈上市公司的股东大会是否能够通过股东的投票。对于持有可转债且不担心摊薄股权风险的股东来说，通常会支持下修；对于未持有可转债且担心摊薄股权风险的股东来说，可能不会支持下修。如果下修转股价格的提案顺利通过，那么可转债价格通常会上涨，投资者博弈可转债下修成功。如果提案被否定，那么可转债价格通常会下跌，投资者博弈可转债下修失败。

此外，如果可转债发行公司决定下修转股价格，但下修幅度不及预期，那么也会导致可转债价格下跌。

5.7　博弈回售策略

1. 策略的逻辑原理

回售条款，是指如果正股价格在可转债发行后大幅下跌，当正股价格远低于转股价格并达到一定阈值时，投资者就可以根据可转债募集说明书里的约定以债券面值加当期利息的价格将可转债回售给发行公司。回售条款的核心是保护可转债投资者的利益，当回售条款被有效触发时，投资者有权选择是否将手中持有的可转债回售给发行公司。在可转债回售期内，回售条款不仅保证了可转债投资者资金的安全性，还降低了可转债投资者的投资风险。

回售条款分为无条件回售条款与有条件回售条款。无条件回售条款又称为附加回售条款，是可转债的必要条款，即当募集资金运用的实际情况与可转债募集说明书中承诺的情况出现重大变化，且该重大变化被中国证监会认定为改变募集资金用途时，可转债持有人可向可转债发行公司回售可转债。有条件回售条款是可转债的可选条款。例如，如果股价连续 30 个交易日低于转股价格的 70%，则投资者有权以回售价格把可转债回售给公司。在可转债回售期内，可转债的回售价格一般较低，单纯回售可转债的收益率也比较低，如果直接回售给发行人，那么可转债持有人可能会承担一定的投资损失。如果继续持有可转债，那么可转债发行公司迫于回售压力可能会选择向下修正转股价格，因此投资者可以博弈一下回售机会。上市公司好不容易通过发行可转债融到资金，并不愿意在很短的时间内就把资金还给可转债持有人，因此可转债发行公司会尽量避免可转债的回售。

上市公司为了避免出现可转债的回售，一般会采取两种措施：一种是努力提升正股股价，此时投资者可以买入可转债，使用折价转股套利策略。对于有可能进行回售的可转债，投资者可以反复进行低价买、高价卖的操作，进而实现获利了结。另一种是向下修正转股价格，此时投资者可以买入可转债，使用博弈下修转股价格策略。

需要投资者注意的是，并不是所有的下修都会推动可转债价格上涨。可转债价格的最终变化还会受到正股股价走势、转股溢价率及其他要素的影响。

2. 策略的前提条件

博弈回售策略的使用前提是可转债发行公司面临回售压力，回售压力越大，可转债发行公司越容易采取必要的措施。在博弈回售的过程中，投资者主要需要考虑三个方面的因素。

第一，关注可转债是否处于回售期内。如果可转债处于回售期内，其必然会受到回售条款的影响；如果可转债尚未进入回售期内，而当可转债越来越靠近回售期起始日时，可转债发行公司的预期回售压力会越来越明显，投资者持有可转债的时间成本也会越来越低。

第二，关注可转债价格。可转债价格的高低决定了投资者参与回售博弈成本的高低。在参与回售博弈之前，投资者需要先控制好风险，提前计算好当博弈失败时可能需要承受的最大经济损失。只有当盈亏比的性价比比较高时，博弈回售才具有参与的价值。

第三，关注正股股价。正股股价的上下波动也是影响预期回售压力的重要因子之一。同时，投资者也需要时刻关注回售触发价，正股股价越靠近回售触发价，可转债发行公司的回售压力就越大。

在博弈回售条款时，投资者最好同时考虑以上三个前提条件。

3. 策略的风险提示

博弈回售策略，主要是可转债持有人博弈可转债发行公司在预期回售压力面前是否会采取措施，以及会采取什么样的措施。在现实交易中，基于预期的博弈往往会伴随着很多的影响因素与很大的不确定性，投资者很难做到百分之百实现盈利。此时，就要求投资者提前做好事前风控与心理压力测试，也要提前准备好资金。当一切准备就绪后，投资者再与可转债发行公司进行预期回售的博弈。

5.8　博弈强赎策略

1. 策略的逻辑原理

赎回条款，是指如果正股价格在可转债发行后大幅上涨且远高于转股价格并达到一定阈值，则可转债发行公司就可以按照可转债募集说明书里的约定以赎回价格到期赎回或者提前赎回未转股的可转债。强赎条款的核心是保护可转债发行公司的利益。赎回条款中的可转债赎回价格可以被投资者视为可转债价格的天花板，当赎回条款快被触发生效时，投资者需要关注可转债的赎回期，避免因未能按时转股或卖出而承受亏损。赎回条款分为到期赎回条款和提前赎回条款，后者也被称为强制赎回条款。

在可转债到期前，如果转股价格远远高于赎回价格，那么可转债持有人可以通过债转股来获得超过赎回价格的价值。在可转债募集说明书中，提前赎回条款一般是这样规定的：在转股期内，在任何连续 30 个交易日中至少有 15 个交易日，如果公司股票的收盘价格不低于当期转股价格的 130%（含 130%），则公司有权提前赎回可转债。有些公司要求股票在任何连续 30 个交易日中至少有 20 个交易日的收盘价格不低于当期转股价格的 130%（含 130%）。此外，有的公司将对赎回阈值比例的要求设定为 120%。

关于上述提前赎回条款，投资者可以参与强赎博弈，即买入正股股票，博弈可转债强赎。也就是说，在 5 个交易日内，如果正股股价在转股价格 130%（或 120%）以上，同时可转债现价低于强赎触发价，那么投资者可以博弈正股在 30 个交易日内至少有 15 个交易日满足收盘价格高于强赎触发价。

2. 策略的具体操作

博弈可转债强赎需要投资者经常关注可转债的强赎触发价、强赎天计数，这些信息可以在集思录网站的可转债数据中找到，如图 5-36 所示。当强赎天计数达到可转债募集说明书中约定的天数时，可转债发行公司会发布强赎公告（图 5-37），有的可转债发行公司也会不提前赎回可转债（图 5-38），一切以公司具体的公告为准。

转股起始日	转股价	强赎触发比	强赎触发价	正股价	强赎价	强赎天计数
2020-02-12	16.27	130%	21.15	18.43	-	6/30
2020-07-08	82.73	130%	107.55	105.81	-	7/30
2020-07-06	16.39	130%	21.31	19.13	-	7/30
2018-05-30	8.48	130%	11.02	10.92	-	10/30
2020-02-27	5.65	130%	7.34	8.13	-	11/30
2020-04-27	13.41	130%	17.43	17.25	-	12/30
2019-05-23	12.28	130%	15.96	16.50	-	13/30
2019-10-25	26.83	130%	34.88	41.90	-	13/30
2020-07-01	25.29	130%	32.88	36.28	-	13/30
2018-06-27	41.98	130%	54.57	50.60	-	14/30
2018-06-04	5.25	130%	6.83	6.42	-	18/30
2020-03-26	46.54	130%	60.50	61.18	-	15/30
2020-02-24	71.69	130%	93.20	105.62	-	23/30
2019-12-17	29.33	130%	38.13	51.43	-	27/30
2020-04-27	22.40	130%	29.12	29.93	-	30/30

图 5-36　可转债强赎天计数

代码	名称	现价	正股名称	规模(亿)	剩余规模	转股起始日	转股价	强赎触发比	强赎触发价	正股价	强赎价	强赎天计数
123037	新莱转债!	211.500	新莱应材	2.800	0.483	2020-06-29	11.08	130%	14.40	22.50	100.370	已公告强赎!
113554	仙鹤转债!	160.180	仙鹤股份	12.500	0.937	2020-06-22	13.27	130%	17.25	21.36	100.220	已公告强赎!
113547	索发转债!	132.740	索通发展	9.450	3.936	2020-04-30	10.52	130%	13.68	14.04	100.450	已公告强赎!
128092	唐人转债!	126.980	唐人神	12.400	3.257	2020-07-06	8.63	130%	11.22	11.02	100.310	已公告强赎!
110042	航电转债!	119.480	中航电子R	24.000	2.978	2018-06-29	14.12	130%	18.36	16.99	100.710	已公告强赎!
128084	木森转债!	119.860	木林森R	26.600	4.781	2020-06-22	12.80	130%	16.64	15.42	100.300	已公告强赎!
113028	环境转债!	122.000	上海环境	21.700	14.700	2019-12-24	10.36	130%	13.47	12.59	100.126	已公告强赎!
123029	英科转债!	849.000	英科医疗	4.700	1.369	2020-02-24	16.11	130%	20.94	135.83	-	公告不强赎!
123031	晶瑞转债!	271.300	晶瑞股份	1.850	0.631	2020-03-05	18.53	130%	24.09	39.85	-	公告不强赎!

图 5-37　可转债强赎信息一览，截至 2020 年 9 月 4 日

代码	名称	现价	正股名称	规模(亿)	剩余规模	转股起始日	转股价	强赎触发比	强赎触发价	正股价	强赎价	强赎天计数
110042	航电转债!	119.480	中航电子R	24.000	2.978	2018-06-29	14.12	130%	18.36	16.99	100.710	已公告强赎!
128084	木森转债!	119.860	木林森R	26.600	4.781	2020-06-22	12.80	130%	16.64	15.42	100.300	已公告强赎!
113028	环境转债!	122.000	上海环境	21.700	14.700	2019-12-24	10.36	130%	13.47	12.59	100.126	已公告强赎!
123029	英科转债!	849.000	英科医疗	4.700	1.369	2020-02-24	16.11	130%	20.94	135.83	-	公告不强赎!
123031	晶瑞转债!	271.300	晶瑞股份	1.850	0.631	2020-03-05	18.53	130%	24.09	39.85	-	公告不强赎!
128017	金禾转债!	166.878	金禾实业	6.000	5.609	2018-08-07	22.42	130%	29.15	36.06	-	公告不强赎!
123022	长信转债!	196.000	长信科技R	12.300	3.238	2019-09-23	6.15	130%	8.00	12.10	-	公告不强赎!
123034	通光转债!	162.569	通光线缆	2.970	1.320	2020-05-08	7.97	130%	10.36	12.61	-	公告不强赎!
113526	联泰转债!	192.890	联泰环保	3.900	1.933	2019-07-29	6.11	130%	7.94	9.37	-	公告不强赎!
113521	科森转债!	177.870	科森科技	6.100	0.796	2019-05-22	8.70	130%	11.31	15.27	-	公告不强赎!

图 5-38　部分可转债公告不提前赎回，截至 2020 年 9 月 4 日

以正股为顾家家居的顾家转债为例：2020 年 7 月 1 日，顾家家居股票价格涨停，随后 5 个交易日的股价持续上涨，此时投资者可以参与强赎博弈而买入正股股票，如图 5-39 所示，期间正股股价累计上涨 22.86%。如果

投资者对正股后续走势有把握，也可以提前入场，灵活调整。2020 年 8 月
11 日下午，顾家家居发布提前赎回顾家转债的提示性公告，即自 2020 年 7
月 22 日至 8 月 11 日，顾家家居的股票连续 30 个交易日中至少有 15 个交
易日的收盘价格不低于顾家转债当期转股价格（35.42 元/股）的 130%（46.05
元/股），如图 5-40 所示，期间正股股价累计上涨 24.15%。根据募集说明书
的约定，这已触发可转债的赎回条款，公司决定对赎回登记日登记在册的
顾家转债全部赎回，赎回价格为 100.58 元。顾家转债的赎回登记日为 2020
年 8 月 27 日，也是最后一个交易日，当天收于 178 元/张，如图 5-41 所示。
至此，投资者成功博弈可转债强赎。

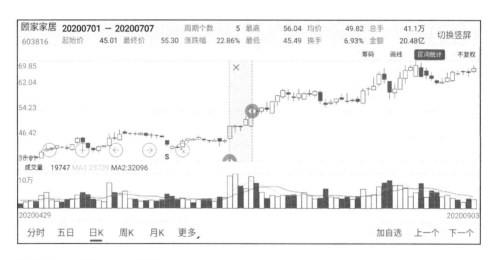

数据来源：东方财富 Choice 数据。

图 5-39　2020 年 7 月 1 日至 7 月 7 日顾家家居累计上涨 22.86%

　　当市场不断走强时，强赎的可转债会越来越多，投资者可以多加留意
强赎的博弈机会。但是，要尽量避开高可转债价格与高溢价率的可转债，
避免高位"站岗"。

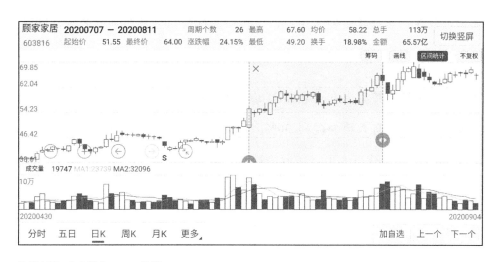

数据来源：东方财富 Choice 数据。

图 5-40 2020 年 7 月 7 日至 8 月 11 日顾家家居日 K 线走势图

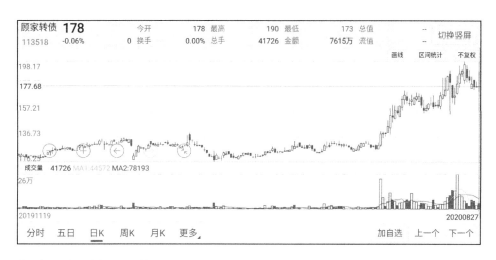

数据来源：东方财富 Choice 数据。

图 5-41 顾家转债退市前最后交易日收于 178 元/张

3. 策略的风险提示

在通常情况下，可转债触发有条件赎回条款需要 15 个或 20 个交易日来满足条件。当强赎条件满足后,可转债发行公司会发布强赎公告,同时也会发布多次关于强赎的提示性公告。

如果可转债持有人在可转债上市时就持有可转债,那么当可转债触发强赎条款时,持有人至少盈利 30%。若该可转债处于折价状态且折价超过 2%,那么可转债持有人可以转股后次日卖出正股。如果投资者觉得转股操作比较麻烦或者担心参与折价转股套利的人太多,又或者担心次日正股股价出现大幅下跌的情况,那么可转债持有人可以直接卖出。若该可转债处于溢价状态,那么可转债持有人也可以直接卖出。

如果可转债持有人强烈看好正股的后市发展,计划继续持有正股,那么可以观察一下可转债的转股溢价率。如果溢价率为负,那么投资者可以在转股后继续持有正股;如果溢价率为正,那么投资者可以先卖出可转债,再买入正股。

无论哪种操作,投资者都需要在可转债赎回登记日收盘前完成操作。强赎未操作,才是强赎最大的风险。

5.9 可转债持有至到期策略

1. 策略的逻辑原理

可转债是一种低风险、高收益的投资品种,即投资收益下有保底、上不封顶。可转债的债性是确定可转债保底收益的属性,投资者可以视可转债的纯债价值为它的债底保底线。当可转债价格小于 110 元/张时,可转债会呈现一定的债性;当可转债价格趋近于 100 元/张时,可转债呈现明显的债性；当可转债价格远低于 100 元或接近它的纯债价值时，可转债会呈现很强的债性。可转债的股性是指可转债跟随正股股价波动而获得收益的属性。

在本质上，可转债是一种可以到期还本付息的面值为 100 元/张的债券。持有可转债的投资者，每年都会获得一定的利息。可转债持有人持有可转债至到期可以获得本金与全部利息，这被称为到期收益。如果投资者准备以可转债市价买入某种债券，并且计划持有至该债券期满，则到期收益率可作为预期收益率，并可将它与其他理财品种的预期收益率进行比较。如果投资者已经按某一个价格买入了债券并已持有至期满，那么到期收益率就是该可转债的实际收益率。到期收益率越高，则意味着可转债的债性保护性就越强，投资者资金的安全性就越高。

稳健的低风险投资者可以买入到期税后收益率大于零的可转债，即到期保本的可转债。截至 2020 年 9 月 4 日收盘，本钢转债到期税后收益率为 4.07%（图 5-42），属于持有至到期保本的可转债。以本钢转债为例，它的存续期为 6 年，利息分别为 0.6%、0.8%、1.5%、2.9%、3.8%、5.0%，到期赎回价格是 119 元/张（含第 6 年的利息）。如果投资者持有 1 张面值为 100 元的本钢转债，那么持有至到期，其税前一共可以收到 28.6 元利息，即投资者每年可以获得单利约 4.77 元。也就是说，投资者每年可以获得大约 4.77% 的保底收益回报，比银行定期存款利息要高。具体计算过程如下：

$$0.6 + 0.8 + 1.5 + 2.9 + 3.8 + 19 = 28.6 \ （元）$$

$$转债单利 = \frac{28.6}{6} \approx 4.77 \ （元/年）$$

本钢转债 - 127018（正股：本钢板材 - 000761　　行业：钢铁–钢铁 II–普钢）						+自选
价格：97.95		转股价值：68.39		税前收益：4.94%		成交(万)：5135.64
涨幅：–0.15%		溢价率：43.22%		税后收益：4.07%		剩余年限：5.819
转股起始日	2021-01-04	回售起始日	2024-06-28	到期日	2026-06-29	发行规模(亿)	68.000
转股价	5.03	回售价	100.00	赎回价	119.00	剩余规模(亿)	68.000
股东配售率	24.76%	转股代码	未到转股期	质押代码	–	债券评级	AAA
网上中签率	0.0925%	已转股比例	0.00%	折算率	0.580	主体评级	AA+
担保	本钢集团连带责任保证担保						
转股价下调	当公司A股股票在任意连续二十个交易日中至少有十个交易日的收盘价低于当期转股价格的 85%时						
强制赎回	如果公司股票连续三十个交易日中至少有十五个交易日的收盘价格不低于当期转股价格的 130%(含130%)						
回售	本次发行的可转债最后两个计息年度，如果公司A股股票在任何连续三十个交易日的收盘价格低于当期转股价格的70%时						
利率	第一年为 0.6%，第二年为 0.8%，第三年 1.5%，第四年 2.9%，第五年 3.8%，第六年为 5.0%						
税前YTM计算公式	3.80/(1+x)^4.819 + 2.90/(1+x)^3.819 + 1.50/(1+x)^2.819 + 0.80/(1+x)^1.819 + 0.60/(1+x)^0.819 + 119.000/(1+x)^5.819 – 97.9510 = 0						

图 5-42　2020 年 9 月 4 日收盘后本钢转债税后到期收益率为 4.07%

再以维格转债为例：截至 2020 年 9 月 4 日收盘，维格转债到期税后收益率为 5.02%（图 5-43），属于持有至到期保本的可转债。维格转债的存续期为 6 年，利息分别为 0.5%、0.7%、1.0%、1.5%、2.0%、2.5%，到期赎回价格是 115 元/张（含第 6 年的利息）。如果投资者持有 1 张面值为 100 元的维格转债，那么持有至到期，其税前一共可以收到 20.7 元利息，即投资者每年可以获得单利 3.45 元。也就是说，投资者每年可以获得大约 3.45%的保底收益回报。具体计算过程如下：

$$0.5+0.7+1.0+1.5+2.0+15=20.7\ （元）$$

$$转债单利=\frac{20.7}{6}=3.45\ （元/年）$$

维格转债 - 113527（正股：锦泓集团 - 603518　　行业：纺织服装-服装家纺-女装）						+自选
价格：94.07		转股价值：70.96		税前收益：5.88%	成交（万）：514.67	
涨幅：0.03%		溢价率：32.56%		税后收益：5.02%	剩余年限：4.389	
转股起始日	2019-07-30	回售起始日	2023-01-23	到期日	2025-01-23	发行规模（亿）7.460
转股价	9.85	回售价	100.00	赎回价	115.00	剩余规模（亿）7.457
股东配售率	4.91%	转股代码	191527	质押代码	–	债券评级　AA
网上中签率	0.3954%	已转股比例	0.04%	折算率	0.000	主体评级　AA
担保	无担保					
转股价下调	在本次发行的可转换公司债券存续期间，当公司股票在任意连续二十个交易日中至少有十个交易日的收盘价低于当期转股价格的 90%时					
强制赎回	在本次发行的可转换公司债券转股期内，如果公司A股股票连续三十个交易日中至少有十五个交易日的收盘价格不低于当期转股价格的130%（含130%）					
回售	在本次发行的可转换公司债券最后两个计息年度，如果公司股票在任何连续三十个交易日的收盘价格低于当期转股价的70%时					
利率	第一年 0.50%、第二年 0.70%、第三年 1.00%、第四年 1.50%、第五年 2.00%、第六年 2.50%					
税前YTM计算公式	2.00/(1+x)^3.389 + 1.50/(1+x)^2.389 + 1.00/(1+x)^1.389 + 0.70/(1+x)^0.389 + 115.000/(1+x)^4.389 − 94.0700 = 0					

图 5-43　2020 年 9 月 4 日收盘后维格转债税后到期收益率为 5.02%

如果投资者买入税后收益率为负的可转债，那么该可转债是不能实现到期保本的。截至 2020 年 9 月 4 日收盘，英科转债的税后收益率为-31.96%（图 5-44），这意味着如果投资者持有该可转债至到期，就会亏损 31.96%。因此，对于致力于寻求低风险保本的投资者来说，要尽量避开税后收益率为负的可转债。

2. 策略的具体操作

可转债持有至到期策略执行起来比较简单，投资者可以参照以下步骤来进行操作。

第一步：找到税前收益率大于零的可转债。

在集思录网站的实时可转债数据中，投资者可以找到可转债的"到期税前收益"（图 5-45），然后按照由高到低的顺序排序，就可以找到排名靠前的可转债（图 5-46）。

英科转债 – 123029（正股：英科医疗 – 300677 行业：医药生物–医疗器械Ⅱ–医疗器械Ⅲ）						+自选
价格：849.00		转股价值：843.14		税前收益：–31.25%		成交（万）：24666.62
涨幅：–0.69%		溢价率：0.69%		税后收益：–31.96%		剩余年限：4.948
转股起始日	2020-02-24	回售起始日	2023-08-15	到期日	2025-08-15	发行规模(亿) 4.700
转股价	16.11	回售价	100.00	赎回价	128.00	剩余规模(亿) 1.369
股东配售率	62.12%	转股代码	123029	质押代码	–	债券评级 AA–
网上中签率	0.0396%	已转股比例	70.87%	折算率	0.000	主体评级 AA–
担保	无担保					
转股价下调	当公司股票在任意连续三十个交易日中至少十五个交易日的收盘价格低于当期转股价格 85%时					
强制赎回	在转股期内，如果公司股票在任意连续三十个交易日中至少十五个交易日的收盘价格不低于当期转股价格的130%(含 130%)					
回售	本次发行的可转债最后两个计息年度，如果公司股票在任意连续三十个交易日的收盘价格低于当期转股价格的70%时					
利率	票面利率：第一年为0.5%，第二年为0.8%，第三年为2.6%，第四年为3.3%，第五年为3.5%，第六年为4.0%					
税前YTM 计算公式	$3.50/(1+x)^{3.948} + 3.30/(1+x)^{2.948} + 2.60/(1+x)^{1.948} + 0.80/(1+x)^{0.948} + 128.000/(1+x)^{4.948} – 849.0000 = 0$					

图 5-44　2020 年 9 月 4 日收盘后英科转债到期收益率为–31.96%

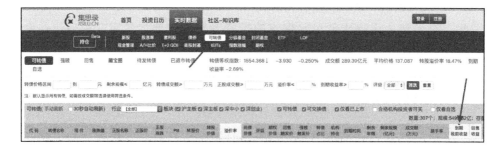

图 5-45　查找可转债的"到期税前收益"

换手率	到期税前收益	回售收益	双低
1.04%	9.22%	购买	200.92
0.73%	5.88%	购买	126.63
0.77%	4.94%	购买	141.17
0.21%	4.49%	购买	185.42
0.57%	3.69%	购买	210.74
0.12%	3.64%	购买	205.25
0.00%	3.48%	购买	211.42
0.13%	3.46%	购买	196.42
0.92%	3.33%	购买	138.95
0.13%	3.33%	购买	179.27
0.08%	3.25%	购买	202.95
0.11%	3.23%	购买	137.04
0.07%	3.21%	购买	169.63
0.39%	3.05%	购买	132.24

图 5-46　由高到低对到期税前收益率进行排序

第二步：找到税后收益率大于零的可转债。

如果投资者想要知道一只可转债的到期税后收益率，则可以点击可转债代码查看它的详细信息。以本钢转债为例，截至 2020 年 9 月 4 日，它的税前收益率为 4.94%，而税后收益率为 4.07%，如图 5-47 所示。

第三步：寻找并买入可转债价格相对较低的可转债。

在可转债到期保本的前提下，对可转债进行筛选。投资者可以根据以下几个标准进行筛选：一是要避开信用评级较低的可转债；二是要避开溢价率极高的可转债；三是要避开价格极高的可转债；四是要避开正股质地较差的可转债。在实际交易中，投资者可以灵活运用以上这些标准，遇到心仪的可转债也可以适当放宽标准。

本钢转债－127018（正股：本钢板材－000761 行业：钢铁-钢铁Ⅱ-普钢）						
价格：97.95		转股价值：68.39		税前收益率：4.94%		成交（万）：5135.64
涨幅：-0.15%		溢价率：43.22%		税后收益率：4.07%		剩余年限：5.819
转股起始日	2021-01-04	回售起始日	2024-06-28	到期日	2026-06-29	发行规模（亿）：68.000
转股价	5.03	回售价	100.00	赎回价	119.00	剩余规模（亿）：68.000
股东配售率	24.76%	转股代码	未到转股期	质押代码	－	债券评级：AAA
网上中签率	0.0925%	已转股比例	0.00%	折算率	0.580	主体评级：AA+
担保	本钢集团连带责任保证担保					
转股价下调	当公司A股股票在任意连续二十个交易日中至少有十个交易日的收盘价低于当期转股价格的 85%时					
强制赎回	如果公司股票连续三十个交易日中至少有十五个交易日的收盘价格不低于当期转股价格的 130%(含130%)					
回售	本次发行的可转债最后两个计息年度，如果公司A股股票在任何连续三十个交易日的收盘价格低于当期转股价格的70%时					
利率	第一年为 0.6%，第二年为 0.8%，第三年为 1.5%，第四年为 2.9%，第五年为 3.8%，第六年为5.0%					
税前YTM计算公式	$3.80/(1+x)^{4.819} + 2.90/(1+x)^{3.819} + 1.50/(1+x)^{2.819} + 0.80/(1+x)^{1.819} + 0.60/(1+x)^{0.819} + 119.000/(1+x)^{5.819} - 97.9510 = 0$					

图 5-47　截至 2020 年 9 月 4 日本钢转债税前收益率与税后收益率

第四步：持有至到期卖出或登记赎回可转债。

在买完可转债后，投资者耐心持有可转债至到期就好。如果可转债触发提前赎回条款，那么投资者可以直接在债券市场卖出，实现获利了结。此时，可转债的实际收益率往往比原计划持有至到期的收益率要高。

3. 策略的风险提示

在买入可转债时，投资者要尽量避开税后到期收益率为负的可转债。如果投资者特别看好一只可转债，那么即使它的税后到期收益率轻微大于零也可以买入，但要将成本控制在 110 元/张以内。

此外，投资者需要关注可转债的信用评级。在通常情况下，AAA 级可转债相对于可转债面值会出现溢价，但价格在 110 元/张以内都是可以接受的。AA+与 AA 级可转债的买入价格可以控制在 105 元/张以内，其他评级可转债的买入价格要控制在 100 元/张左右。同时，要避开信用评级特别低与正股质地比较差的可转债。

5.10　分散存债策略

1. 策略的逻辑原理

分散存债策略，可以理解为可转债"摊大饼"策略，是指投资者可以分散买入多只价格较低的可转债，然后静待某只或某几只可转债价格上涨后止盈卖出，再买入新的低价可转债，不断轮动调仓。在一般情况下，这种风险有限的守拙式交易策略可以让投资者获得年化收益率为10%左右的收益。在行情好的时候，收益可能会更高。

当市场行情好的时候，分散存债策略组合中的大多数可转债都会上涨，只是快慢不同，这就要求投资者要有充足的耐心去等待，适当管住手，不要频繁调仓。当市场行情不好的时候，可转债可能会跌破 100 元，也可能会跌到 90 元附近。此时，投资者可以补仓进而降低成本。因为可转债具有债底，即使价格下跌，迟早也会再涨回来。在这一过程中，投资者要有充足的耐心，以时间来换未来的收益空间。

假设投资者以 100 元/张的价格买入 10 张某只可转债，共计投资金额为 1000 元。随后，该只可转债价格持续下跌，跌至 95 元/张，这时投资者可以继续买入 20 张该可转债，再投资 1900 元。此时，投资者累计持有 30

张该可转债，持仓成本为 96.67 元/张。随后市场继续走低，可转债价格跌至 90 元/张，这时投资者可以继续买入 40 张该可转债，再投资 3600 元。此时，投资者累计持有 70 张该可转债，持仓成本为 92.86 元/张，如表 5-2 所示。在整个下跌与补仓的过程中，投资者可以在可转债下跌过程中不断地拿到价格更低的筹码，然后静待可转债价格回升。

表 5-2　在可转债下跌过程中拿到价格更低的筹码

可转债价格 （元/张）	持仓数量（张）	累计投资（元）	累计持仓（张）	累计持仓成本 （元/张）
100	买入 10 张	1000	10	100
95	再买 20 张	2900	30	96.67
90	再买 40 张	6500	70	92.86

由于可转债具有债性的属性，具有保底的特征，所以投资者并不需要特别担心可转债价格的下跌。即使可转债在短期内下跌，但从长期来看持有低价可转债大概率会以盈利终结。对价值投资者来说，他们可以坚持对处在底部的优质可转债进行长期存债布局。

2. 策略的具体操作

使用分散存债策略，投资者需要考虑三个方面的事情，具体如下。

第一，尽可能使用多种可转债策略。在前文中，笔者总结梳理了 9 种可转债交易策略：可转债信用打新策略、可转债双低轮动策略、正股涨停套利策略、正股替代套利策略、折价转股套利策略、博弈下修转股价格策略、博弈回售策略、博弈强赎策略及可转债持有至到期策略。投资者可以根据自己的交易习惯与风险偏好，选择适合自己的交易策略。投资者可以根据这些策略筛选出性价比较高的可转债，然后调入可转债投资组合中。但是，要尽量避开高转债价格与高溢价率的可转债，同时，也要合理规避评级特别差的可转债与正股。

第二，尽可能配置多只可转债。可转债的配置数量是一个比较个性化的事情，不同的投资者有不同的风险偏好与交易习惯，因此，大家可以根据自己的情况来决定可转债的配置数量。如果没有合适的可转债，投资者也可以保留现金，不一定非要硬凑可转债数量。

第三，每只可转债仓位占比尽量要低。当投资者使用分散存债策略时，要尽可能多地配置低价可转债，同时每个可转债的占比不要明显高于其他可转债。当出现正股暴涨引起可转债联动大幅上涨、发行公司向下修正转股价格、发行公司发布强赎公告、正股出现退市风险等情况时，投资者要对分散存债策略组合中的持仓进行调整，调出已经出现大涨的可转债，并不断更新调入新的可转债。

3. 策略的案例分析

以正股为模塑科技的模塑转债为例：在 2019 年年底以前，模塑转债作为分散存债策略中的一员，一直默默无闻地躺在笔者的持仓组合中，整个等待的过程是比较磨炼人的耐心与信心的。直到 2020 年年初，模塑转债突然开始爆发，2020 年 3 月 20 日模塑转债已经累计上涨 130.55%（图 5-48），真是让人有一种"守得云开见月明"的欣喜之感。

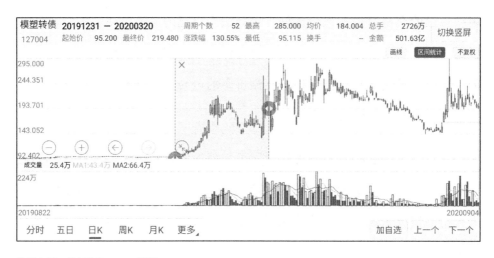

数据来源：东方财富 Choice 数据。

图 5-48　2019 年 12 月 31 日至 2020 年 3 月 20 日模塑转债累计涨幅 130.55%

再以正股为新天药业的新天转债为例：2020 年年初，笔者将新天转债调入分散存债策略组合中，随后该只可转债一直安安静静，完全没有激起半点小水花的意思。2020 年 3 月 13 日，新天转债全天突然大涨 8.35%，收盘价为 124.6 元/张，如图 5-49 所示。这一天，笔者没有止盈卖出，决定依然持有来看它的后续发展。2020 年 3 月 16 日，新天转债暴涨 95.51%（图 5-50），这真的是暴涨啊！这一天，笔者在 225 元/张的位置止盈了全部的新天转债。毕竟，作为低风险投资者，要学会知足，要尽量控制交易风险。

如果投资者使用分散存债策略，在 2020 年 1 月初或之前将新天转债调入分散存债策略组合中，那么投资者会获得一份非常可观的投资回报。如图 5-51 所示，自 2020 年 1 月 23 日至 3 月 18 日，新天转债累计涨幅高达 152.57%，这实在是太美好的一件事了。

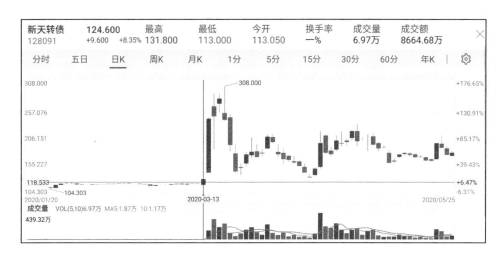

图 5-49　2020 年 3 月 13 日新天转债大涨 8.35%

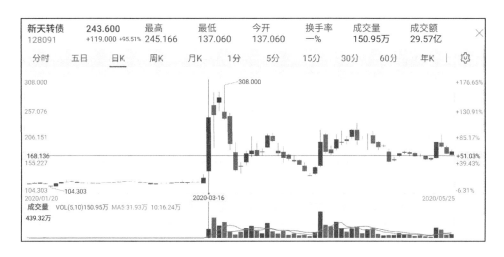

图 5-50　2020 年 3 月 16 日新天转债暴涨 95.51%

4. 策略的风险提示

当投资者选择多只低可转债价格、低溢价率的可转债时，我们只能说投资者在未来获利的概率比较大，但并不能保证每一只可转债都可以在短期内实现盈利。即使投资者遇到一两只表现较差的可转债，但是长期使用分散存债策略依然可以让投资者获得一个比较好的收益回报。同时，投资者切不可盲目追高，也要注意及时止盈离场，落袋为安。

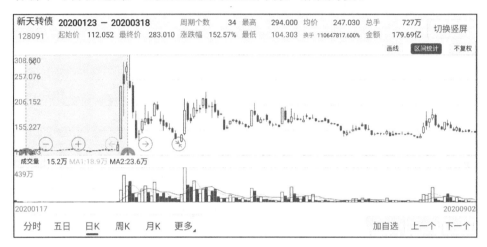

图 5-51　2020 年 1 月 23 日至 3 月 18 日新天转债累计涨幅达 152.57%

综上所述，本章主要为投资者介绍了 10 种可转债交易策略，每种策略都有它独特的魅力与缺点，投资者可以根据自己的风险偏好、交易习惯、资金情况、心理承受力，以及预期收益与亏损等因素来进行筛选。不同的交易策略，对应着不同的卖出方式。投资者不仅需要具备充足的可转债知识储备，还需要拥有一颗平静且坚强的心。

6 第6章

可转债的延伸

6.1 可转债与期权

1. 关于期权

期权是交易双方关于未来买卖权利达成的合约。期权交易双方是指期权的买方（也称为权利方）与期权的卖方（也称为义务方）。期权的买方通过向卖方支付一定的费用（即权利金）来获得一种权利。也就是说，期权的买方有权在约定的时间以约定的价格，向期权卖方买入或卖出约定数量的股票或者跟踪股票指数的交易型开放式指数基金（ETF）等标的物的标准化合约。买方有权利进行行权，卖方有义务进行配合。关于期权，将从以下 5 个方面进行介绍。

（1）关于期权的合约规格。

截至 2020 年 9 月，A 股市场中有上证 50ETF 期权与沪深 300ETF 期权，它们的合约基本条款如表 6-1 所示。

表 6-1　上证 50ETF 与沪深 300ETF 合约基本条款

合约标的	50ETF	300ETF
合约类型	认购期权和认沽期权	
合约单位	10 000 份	
合约到期月份	当月、下月及随后两个季月	
行权价格	9 个（4 个实值合约、1 个平值合约、4 个虚值合约）	
行权价格间距	3 元或以下为 0.05 元，3 元至 5 元（含）为 0.1 元，5 元至 10 元（含）为 0.25 元，10 元至 20 元（含）为 0.5 元，20 元至 50 元（含）为 1 元，50 元至 100 元（含）为 2.5 元，100 元以上为 5 元	
行权方式	到期日行权（欧式）	
交割方式	实物交割（业务规则另有规定的除外）	
到期日	到期月份的第四个星期三（遇法定节假日顺延）	
行权日	同合约到期日，行权指令提交时间为 9:15-9:25，9:30-11:30，13:00-15:30	
交收日	行权日次一个交易日	
交易时间	9:15-9:25，9:30-11:30（9:15-9:25 为开盘集合竞价时间）；13:00-15:00（14:57-15:00 为收盘集合竞价时间）	
委托类型	普通限价委托、市价剩余转限价委托、市价剩余撤销委托、全额即时限价委托、全额即时市价委托以及业务规则规定的其他委托类型	
买卖类型	买入开仓、买入平仓、卖出开仓、卖出平仓、备兑开仓、备兑平仓以及业务规则规定的其他买卖类型	
最小报价单位	0.0001 元	
申报单位	1 张或其整数倍	

续表

合约标的	50ETF	300ETF
涨跌幅限制	（1）认购期权最大涨幅＝Max×｛合约标的前收盘价×0.5%，Min［（2×合约标的前收盘价-行权价格），合约标的前收盘价］×10%｝； （2）认购期权最大跌幅＝合约标的前收盘价×10%； （3）认沽期权最大涨幅＝Max×｛行权价格×0.5%，Min［（2×行权价格-合约标的前收盘价），合约标的前收盘价］×10%｝； （4）认沽期权最大跌幅＝合约标的前收盘价×10%	
熔断机制	在连续竞价期间，若期权合约盘中交易价格较最近参考价格涨跌幅度达到或者超过50%，且价格涨跌幅度的绝对值达到或者超过10个最小报价单位，则期权合约进入3分钟的集合竞价交易阶段	
开仓保证金最低标准	（1）认购期权义务仓开仓保证金＝[合约前结算价+Max×（12%×合约标的前收盘价-认购期权虚值，7%×合约标的前收盘价）]×合约单位； （2）认沽期权义务仓开仓保证金＝Min[合约前结算价+Max×（12%×合约标的前收盘价-认沽期权虚值，7%×行权价格），行权价格]×合约单位	
维持保证金最低标准	（1）认购期权义务仓维持保证金＝[合约结算价+Max×（12%×合约标的收盘价-认购期权虚值，7%×合约标的收盘价）]×合约单位； （2）认沽期权义务仓维持保证金＝Min[合约结算价+Max×（12%×合标的收盘价-认沽期权虚值，7%×行权价格），行权价格]×合约单位	

（2）关于期权的行情。

上证50ETF期权的行情如图6-1所示，沪深300ETF期权的行情如图6-2所示。在期权的T型报价图中，左侧的数据属于认购期权合约，右侧的数据属于认沽期权合约，中间一列数据为期权行权价。此外，投资者还可以看到期权合约到期月份（当月、下月及随后两个季月），如图6-3所示。

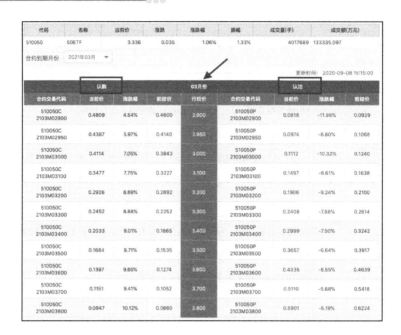

图6-1 2020年9月8日收盘后50ETF3月行情

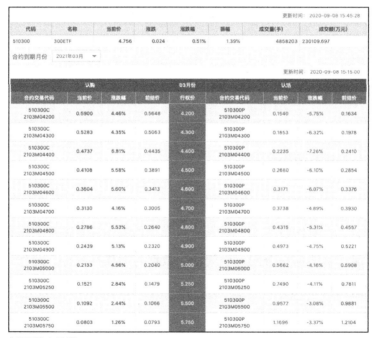

资料来源：上海证券交易所。

图6-2 2020年9月8日收盘后300ETF3月行情

更新时间: 2020-09-08 15:45:28

代码	名称	当前价	涨跌	涨跌幅	振幅	成交量(手)	成交额(万元)
510050	50ETF	3.336	0.035	1.06%	1.33%	4017689	133335.097

合约到期月份 [2021年03月 ▼]

下拉选项：2021年03月 / 2020年09月 / 2020年10月 / 2020年12月

更新时间: 2020-09-08 15:15:00

	认购			03月份		认沽		
合约交易代码	当前价	涨跌幅	前结价	行权价	合约交易代码	当前价	涨跌幅	前结价
510050C 2103M02900		4.54%	0.4600	2.900	510050P 2103M02900	0.0818	-11.95%	0.0929
510050C 2103M02950	0.4387	5.97%	0.4140	2.950	510050P 2103M02950	0.0974	-8.80%	0.1068
510050C 2103M03000	0.4114	7.05%	0.3843	3.000	510050P 2103M03000	0.1112	-10.32%	0.1240
510050C 2103M03100	0.3477	7.75%	0.3227	3.100	510050P 2103M03100	0.1497	-8.61%	0.1638
510050C 2103M03200	0.2926	8.69%	0.2692	3.200	510050P 2103M03200	0.1906	-9.24%	0.2100
510050C 2103M03300	0.2452	8.88%	0.2252	3.300	510050P 2103M03300	0.2408	-7.88%	0.2614
510050C 2103M03400	0.2033	9.01%	0.1865	3.400	510050P 2103M03400	0.2999	-7.50%	0.3242
510050C 2103M03500	0.1684	9.71%	0.1535	3.500	510050P 2103M03500	0.3657	-6.64%	0.3917
510050C 2103M03600	0.1397	9.65%	0.1274	3.600	510050P 2103M03600	0.4335	-6.55%	0.4639
510050C 2103M03700	0.1151	9.41%	0.1052	3.700	510050P 2103M03700	0.5110	-5.68%	0.5418
510050C 2103M03800	0.0947	10.12%	0.0860	3.800	510050P 2103M03800	0.5901	-5.19%	0.6224

资料来源：上海证券交易所。

图 6-3　期权合约到期月份（当月、下月及随后两个季月）

（3）关于期权的分类。

根据期权的权利，可以将期权分为看涨期权（认购期权）与看跌期权（认沽期权）。看涨期权，是指期权的买方拥有在期权合约有效期内按约定的价格买进一定数量标的物的权利；看跌期权，是指期权的买方拥有在期权合约有效期内按约定的价格卖出一定数量标的物的权利。

根据期权行权价格和标的资产价格的大小，可以将期权分为实值期权、平值期权、虚值期权。对于认购期权来说，实值期权是行权价低于标的现价的期权，平值期权是行权价等于标的现价的期权，虚值期权是行权价高于标的现价的期权。对于认沽期权来说，实值期权是行权价高于标的现价的期权，平值期权是行权价等于标的现价的期权，虚值期权是行权价低于标的现价的期权。

根据期权的到期时间，可以将期权分为欧式期权与美式期权。欧式期权，是指买方只能等到期权到期日进行行权；美式期权，是指买方可以在期权到期日及之前的任何时间行权。上证 50ETF 期权与沪深 300ETF 期权都属于欧式期权，投资者只能等到当月的行权日才能提出行权。

根据期权合约标的，可以将期权分为股票期权、股指期权、利率期权和商品期权。

（4）关于期权价值的组成。

期权价值，主要包含内在价值与时间价值，公式如下：

$$期权价值=内在价值+时间价值$$

其中，

内在价值（Intrinsic Value）也称为内涵价值，是指期权行权价与标的现价之间的差值。在通常情况下，虚值期权没有内在价值，只有实值期权才有内在价值。

时间价值（Time Value）也称为外在价值，是指实值期权的现价与期权内在价值的差值。期权的时间价值会随着时间的流逝而逐渐减少，越接近期权到期日，时间价值衰减得就越快。期权的时间价值可以视为对期权卖方的风险补偿。在一般情况下，虚值期权的全部价值都是时间价值。

（5）关于期权希腊字母。

期权的希腊字母是期权世界中非常重要的组成部分，它们影响着期权的价格。对于期权交易者来说，准确理解这些希腊字母可以更好地控制交易风险，进而获取投资收益。期权的希腊字母主要有 5 个，分别为 Delta、Gamma、Theta、Vega 和 Rho。每个希腊字母的具体介绍如下：

Delta，是指标的资产价格的变化导致的期权价格变化的幅度。Delta 值的取值范围是-1～1。对于看涨期权，Delta 值的取值范围为 0～1。实值程度越高的看涨期权，它的 Delta 值就越接近于 1；平值看涨期权的 Delta 值为 0.5；虚值程度越高的看涨期权，它的 Delta 值就越接近于 0。对于看跌期权，Delta 值的取值范围为-1～0。实值程度越高的看跌期权，它的 Delta 值就越接近于-1；平值看跌期权的 Delta 值为-0.5；虚值程度越高的看跌期权，它的 Delta 值就越接近于 0。当标的资产价格与期权价格正向变动时，Delta 值大于零；当标的资产价格与期权价格反向变动时，Delta 值小于零。也就是说，Delta 值可以用来评估期权的方向性风险。

Gamma，用来衡量标的资产价格的变化对 Delta 值的影响。当投资者买入看涨期权或看跌期权（权利方）时，Gamma 值均为正值；当投资者卖出看涨期权或看跌期权（义务方）时，Gamma 值均为负值。随着时间的流逝，实值和虚值期权的 Gamma 值会逐渐变小，平值期权的 Gamma 值会逐渐变大。越临近期权合约到期日，平值期权的 Gamma 值就会越大。

Theta，用来衡量时间变化对期权价格的影响。由于期权的时间价值一直都在不断衰减，故对于期权的买方来说，期权的时间价值每天都会流逝，也就是说期权合约的时间价值在逐渐变小，即期权买方拥有负的 Theta 值；对于期权的卖方来说，每天都会获得期权的时间价值，也就是说期权合约的时间价值在逐渐变大，即期权卖方拥有正的 Theta 值。

Vega，用来衡量标的资产波动率变化对期权价格的影响，即标的资产波动率每变化 1%对期权价格的影响。当波动率上涨时，期权的价格就会上涨；当波动率下跌时，期权的价格就会下跌。实值期权相较于虚值期权来说，波动率对平值期权的影响更大。此外，期权的 Vega 值与期权合约距离到期日的远近有关，即期权合约距离到期日越远，Vega 值就越大；期权合约距离到期日越近，Vega 值就越小。

Rho，用来衡量利率变化对期权价格的影响，即无风险利率每变动 1%对期权价格的影响。对于买入看涨期权来说，Rho 值为正，当利率上升时，期权价值变大；对于买入看跌期权来说，Rho 值为负，当利率上升时，期权价值变小。此外，期权合约距离到期日越近，Rho 值对期权价值的影响就越小。相较于其他几个希腊字母，Rho 对期权价格的影响最小。

2. 可转债与期权的区别

可转债与期权的区别主要体现在 5 个方面，即交易方向、行权价格、存续期限、资金占用量、潜在盈亏空间。具体对比分析如下：

第一，交易方向不同。买入看涨期权、卖出看涨期权、买入看跌期权及卖出看跌期权是期权交易中最简单的四个交易方向。同时，期权交易者还可以使用多种交易策略。当投资者认为后市看涨时，可以选择买入看涨期权、卖出看跌期权、牛市看涨期权价差组合或者牛市看跌期权价差组合；当投资者认为后市看跌时，可以选择买入看跌期权、卖出看涨期权、熊市看涨期权价差组合或者熊市看跌期权价差组合；当投资者认为后市会有小幅波动时，可以选择卖出宽跨式期权组合；当投资者认为后市会有大幅波动时，可以选择买入跨式期权组合或者买入宽跨式期权组合。换句话说，投资者可以根据市场行情的变化及时调整交易策略。相比之下，可转债交易的方向只有一个，即买入看涨方向，即投资者只能在可转债单边上涨的行情中获利。

第二，行权价格不同。行权价格是指期权合约规定的期权买方行使权利时买入或卖出标的资产的价格。换句话说，行权价格是预定的价格，投资者可以在某一行权价格买入或卖出一个期权合约。在通常情况下，期权有 9 个合约：4 个实值合约、1 个平值合约、4 个虚值合约。在合约存续期间，会出现波动加挂合约与调整加挂合约的情况。因此，实际期权合约的数量往往要超过 9 个，对应着的行权价格的数量也会比较多。相比之下，可转债的行权价只有一个。

第三，存续期限不同。期权的存续期限是明确的，当月合约会在每个月的第四个星期三到期。上证 50ETF 期权与沪深 300ETF 期权各自都有 4 个合约，即当月（主力）合约、下月合约、当季合约及下季合约。随着时间的推移，交易所会不断加挂新的合约。可转债的存续期限也是明确的，但是每个可转债的存续期限为 5～6 年，比期权的存续期限要长很多。在可转债存续期间，行情走势是不确定的。在转股期内，当股价远远超过可转债募集说明书中约定的转股价格时，发行人有权按照约定的价格赎回全部未转股的可转债。当未转股的可转债被全部赎回或转股时，可转债会退市摘牌。此时，可转债的存续期限会提前终结。在转股期内，如果正股股价持续保持低迷的状态，可转债发行人可能会迫于回售的压力而选择向下修正转股价格，进而促使可转债持有人进行转股操作。但是，这个转股过程会持续多久是不确定的，可转债可能会一直被交易，直至存续期满为止。

第四，资金占用量不同。期权的权利金是买卖期权合约的价格。对于期权的买方来说，权利金是买入期权时需要支付给卖方的费用，该笔费用的大小取决于买卖期权合约的价格、期权的到期时间，以及具体的期权合约。对于期权的卖方来说，权利金是卖出期权时向买方收取的费用。在通常情况下，实值期权的权利金高于平值期权的权利金，平值期权的权利金高于虚值期权的权利金。期权的权利金往往比标的资产的价格要低很多，这就使得期权投资者可以以相对较少的权利金来交易标的资产。也就是说，期权投资者可以使用高杠杆来交易标的资产。相比之下，可转债不能使用杠杆进行交易。因此，与期权交易相比，可转债交易需要占用比较多的资金。

第五，潜在盈亏空间不同。对于期权的买方来说，当标的资产的涨跌幅度较大时，期权的买方可以通过几倍、几十倍，甚至几百倍的杠杆来对标的资产的涨跌情况进行收益博弈，而期权的卖方也可以撬动至少几倍的杠杆。相比之下，可转债的盈利空间有限，如果可转债能够在存续期间实现翻倍，已经算是比较大的行情了。

3. 可转债内嵌看涨期权

可转债的价格主要由债券价值与看涨期权价值共同组成，如以下公式所示：

可转债价格＝债券价值（债底)+看涨期权价值

由于可转债具有低风险保本属性，因此投资者可以视可转债的纯债价值为可转债的债底。在通常情况下，当一只可转债的价格越近于可转债的纯债价值时，该只可转债价格下跌的可能性就越小，投资者买入该只可转债的安全性就越高。

在可转债存续期内，如果正股股价持续上涨，那么投资者赚取的主要是看涨期权部分的涨幅。可转债价格上涨越多，意味着可转债中看涨期权的价值就越大。在转股期内，如果正股股价持续上涨并满足可转债募集说明书中约定的赎回条件，则发行人有权行使赎回权，按照约定的价格将全部或部分未转股的可转债赎回。当可转债被强制赎回时，对可转债发行人与低风险可转债持有人来说是一件双赢的事情。此时，可转债看涨期权部分的涨幅是令人满意的。

在转股期内，如果正股股价持续低迷，那么可转债的价格大概率会下跌。此时，可转债的债券价值不会发生大的变化，但是看涨期权价值会下跌。对于低可转债价格与低溢价率的可转债来说，可转债价格的下跌幅度往往会小于正股股票价格下跌的幅度。

6.2　可转债基金

1. 初识基金与基金定投

基金投资是一种证券投资方式。基金管理人、基金托管人、基金投资人是基金市场中的三大主体。

第一，关于基金管理人、基金托管人及基金投资人。基金管理人，是指基金产品的募集者与管理者，负责集中管理基金资产的投资运作，在控制好风险的基础上为基金投资人争取最大的投资回报。基金托管人，是指负责监督基金管理机构的投资操作与保管基金资产的托管机构。基金投资人，是指基金投资的出资人、基金资产的所有者，以及基金投资收益的受益者。在基金投资中，基金管理人、基金托管人、基金投资人三者缺一不可。基金管理人与基金托管人之间是互相制衡的关系。为了防止基金管理人在管理基金资产投资运作的过程中出现风险情况，基金托管人负责监督基金管理人的投资操作，进而保证资金的安全性。基金管理人与基金投资人之间是基金管理者与基金所有者的关系。基金托管人与基金投资人之间是被委托与受托的关系，基金投资者委托基金托管人对其基金资产进行管理，进而保证资金的安全性。

第二，关于基金分类。根据基金投资标的种类进行划分，按照基金的风险由低向高排序，可以将基金分为货币型基金、债券型基金、混合型基金、股票型基金等。由于投资收益与投资风险之间是正相关的关系，因此货币型基金的投资收益相对较低，股票型基金的投资收益相对较高。

第三，关于基金定投。基金定投是定期定额投资基金的简称，是指投资者可以在固定的时间以固定的金额买入开放式基金。对于不熟悉资本市场，同时又没有太多时间与精力去研究股票的投资者来说，基金定投是一种很好的投资理财的方法。投资者可以在熊市坚持定投，积少成多，不断分散和平摊风险，在牛市及时获利了结。

2. 基金定投的优点

坚持基金定投不仅可以让投资者的资金分批进场，分散投资风险，还可以让投资者的长期投资理财变得简单化。基金定投的优点主要体现在以下几个方面。

第一，基金定投操作简单。投资者只需要对基金进行一次性操作就可以轻松实现定期、定额申购基金。例如，投资者可以以半月、每月或双月作为定期的时间单位；以 500 元、1000 元或 2000 元作为定期的金额来进行基金定投的设置。在基金定投初始设置完成后，投资者只需要确保银行卡里有足够的资金可以定期自动扣款就可以了。

第二，基金定投无须择时，同时还可以实现分散风险、平摊成本的效果。在实际交易中，很少有投资者可以做到在市场的绝对低点入市并在市场的绝对高点出市。换句话说，投资择时是非常难的一件事。为了避免这种人为的主观判断出现失误，投资者可以采用基金定投的方式来规避这种主观判断的风险。不管行情的点位如何，投资者只需要坚持定期、定额地买入基金，积少成多，不断地分散和平摊风险，等到牛市来临时及时获利了结就好。

第三，基金定投强制储蓄。基金定投可以帮助投资者在不知不觉中慢慢积累一笔不小的财富，类似于强制储蓄，积少成多，聚沙成塔。

当市场行情出现单边下跌或者震荡时，投资者可以通过基金定投买到越来越多便宜的筹码，而当市场行情出现单边上涨时，就可以选择及时止盈，落袋为安。

3. 基金定投的适用对象

基金定投的适用对象，主要为无法经常盯盘的上班族、风险偏好较低的投资者、强迫自己储蓄的年轻人以及拥有长期理财规划的人等。

4. 基金定投的亏损原因

在资本市场中，任何投资都是存在风险的，也包括基金定投。从上文中，投资者了解了基金定投可以分散投资风险，也可以摊薄成本，但是为什么有的投资者在基金定投中依然会亏损离场呢？亏损的原因可以归纳为以下几点。

第一，投资者中途停止定投。很多投资者在基金定投初期都是信心满满的，期待着自己有一天可以通过基金定投获得丰厚的投资回报。但是，有些投资者还没坚持几个月，就中途放弃了。如果一个人想要在基金定投中有所收获，就要一如既往地坚持，不要轻易放弃。如果没有足够的时间，就不会等来基金定投丰厚的投资回报。

第二，投资者无法承受前期亏损而卖出离场。从长期来说，基金定投的风险比较低。但是从短期来说，基金定投也存在亏损的风险。在基金定投中，有一个"定投微笑曲线"概念。在基金定投初期，市场行情可能持续低迷并不断下跌，此时"定投微笑曲线"会不断下滑。当市场行情好转并不断上涨时，"定投微笑曲线"会不断向上拉升。在整个过程中，我们可以发现，初期"定投微笑曲线"下降得越低，后期涨得会越高。如果投资者无法承受定投初期的亏损，就会选择止损离场。

第三，投资者没有及时止盈。投资者需要在牛市来临后对基金定投进行适当的获利止盈，而不是一直守着账户而错过退出时机。虽然基金定投对择时的要求不高，但这并不意味着投资者可以完全不理会账户。换句话说，投资者需要在行情火热的时候及时卖出离场。

5. 基金定投的买入方法

基金的交易策略有很多种，每一种交易策略都有其适用的条件与买入方法，使用不同的交易策略会带来不同的投资效果。基金的买入方法主要有一次性满仓买入基金、分批买入基金、金字塔型买入基金三种。

一次性满仓买入基金，是指投资者在市场行情低点时一次性直接全仓买入基金，这种买入方法对投资者的择时能力要求比较高。分批买入基金，是指投资者可以在市场行情的不同阶段，分批次等额或不等额地买入基金，这种买入方法对投资者的择时能力要求不高，但要求投资者长期坚持。金字塔型买入基金，是指投资者可以在基金净值较低时，投入较多的资金；在基金净值上涨到一定程度时，追加部分资金，这部分资金比之前要少很多；在基金净值上涨较多时，追加更少的资金。

6. 基金定投的止盈方法

基金定投最关键的一步是如何在牛市来临时进行止盈，将投资收益及时地落袋为安。在资本市场中，常流行着一句话，即"会买的是徒弟，会卖的才是师父"。很多投资者都有过投资收益"过山车"的经历，进而与丰厚的投资收益失之交臂，甚至出现账户资金从浮盈变成浮亏的情况。这就要求投资者要学会在牛市来临时对基金定投账户进行及时的止盈操作。一般基金定投的止盈方法主要有三种：目标收益率止盈法、市场情绪止盈法及估值止盈法。

（1）目标收益率止盈法。目标收益率止盈法，是一种简单易操作的静态止盈方法，即投资者可以事先确定一个目标收益率，当实际收益率达到目标收益率时，就卖出基金份额，实现获利止盈；当实际收益率没达到目标收益率时，就继续持有基金份额。值得注意的是，如果投资者将目标收益率设置得过高，那么很有可能会错过止盈时机；如果投资者将目标收益率设置得过低，那么很有可能会止盈过早而错过后市的大行情。因此，投资者可以在实际交易中采用分批止盈的方法，避免出现错过止盈与过早止盈的情况。

（2）市场情绪止盈法。巴菲特曾说："在别人恐惧时我贪婪，在别人贪婪时我恐惧"，这句话十分适用于市场情绪止盈法。当一波单边下跌行情接近尾声时，市场的成交量会变得十分萎靡，参与交易的人也比较少，甚至很少有人愿意谈论股市，此时有经验的投资者会观察这些市场情绪的变化，并在合适的时机选择入场。

当身边的人都开始讨论股票时，投资者需要警惕；当基金销售异常火爆时，尤其是当新闻标题出现某某基金日销百亿元时，投资者需要警惕；当股票新开户数量急剧增多时，投资者需要警惕；当政府开始加息，但股市行情依然火爆时，投资者需要警惕；当场内基金产品的溢价率过高时，投资者也需要警惕。在通常情况下，当一波单边上涨行情接近尾声时，有经验的投资者可以察觉到这些市场情绪的变化。当市场情绪过分火热时，投资者可以分批止盈离场。在实际交易中，市场情绪止盈法的使用主要依靠投资者的个人交易经验与对市场行情的感知判断，并没有一个统一的量化标准。

第三，估值止盈法。估值水平是衡量标的资产被低估或被高估的一个重要指标。从长期来看，当标的资产的估值过高时，它可能会回到估值中枢附近，出现估值回归的情况。因此，投资者可以根据标的的估值水平来进行适当的止盈操作。当投资者采用估值止盈法时，还要参考个人的风险偏好水平。

以上提及的基金定投的三种止盈方法都不能保证让投资者止盈在最高点，但可以帮助投资者分批止盈在相对高点。投资者可以根据自己的风险偏好程度，选择适合自己的止盈方法。

7. 可转债基金

可转债基金属于基金中的一种，其主要是投资可转债的。对于无法经常盯盘的上班族与风险偏好较低的投资者来说，可以选择基金定投，其中也包括定投可转债基金。关于可转债基金的买入方法与止盈方法可以参考前文具体的介绍。

如果投资者想要成为一名合格的可转债投资者，就要养成阅读可转债募集说明书与可转债发行公告的习惯，因为它们是快速掌握投资可转债秘笈的重要前提条件。通过不断阅读、不断研究，养成积累实际经典案例的好习惯，这一定会让投资者变成可转债投资的高手。如果投资者没有很多的时间可以深入研究可转债，那么可以选择定投可转债基金，这也是一个很好的选择。

附录 A　有条件向下修正转股价格条款的 8 种情形分析

上市公司根据可转债募集说明书的约定，决定其可转债转股价格的向下修正条款的生效情况。触发向下修正可转债转股价格条款的前提条件，一般可以分为如下 8 种情形。

情形 1　在某一只可转债存续期内，当公司股票在任意连续 30 个交易日中至少有 15 个交易日的收盘价格低于当期转股价格的 80%时，公司董事会有权提出可转债转股价格向下修正方案并提交公司股东大会进行审议表决。值得投资者注意的是，上述要求中提及的"30 个交易日""15 个交易日"及"80%"，可以简写成"15/30，80%"（表 A-1）。

上述方案须经参加表决的全体股东所持表决权的三分之二以上通过方可实施。在股东大会进行表决时，持有本次可转债的股东应当回避。

表 A-1   下修 15/30，80%

转股价格向下修正的前提条件	简写	案例
情形 1：公司股票在任意连续 30 个交易日中至少有 15 个交易日的收盘价格低于当期转股价格的 80%	15/30，80%	中行转债（中国银行） 无锡转债（无锡银行） 常熟转债（常熟银行） 新泉转债（新泉股份） 江银转债（江阴银行） 东音转债（东音股份） 众兴转债（众兴菌业） 蓝思转债（蓝思科技） 洪涛转债（洪涛股份）

值得我们注意的是，如果在交易日内发生过因除权除息而调整转股价格的情况，那么在转股价格调整日前的交易日，按调整前的转股价格和股票收盘价格进行计算；在转股价格调整日及之后的交易日，按调整后的转股价格和股票收盘价格进行计算。我们需要了解它的变化原理，但不用亲自进行"烧脑"计算，及时关注相关公告就可以了。

这里，我们需要补充一下有关"除权除息"的概念。除权除息，是指去除股票所含权益的一种行为。上市公司在进行利润分配时，常常会进行分红和派息。分红，是指给股东送红股，通俗一点就是给股东免费送股票。比如，某公司以 10 送 10 的比例送红股，如果投资者在分红前持有 1 万股，分红后就会有 2 万股，此时为了保持股票的总价值不变，股价将会被调为分红前的二分之一，这叫除权。除权后，常在股票名称前加"×R"以示区分。

在股票分红后，公司会对股价进行调整。如果公司对转股价格不进行调整，那么每次股票分红都会减少可转债的转股价值，这对可转债持有人来说是不公平的。因此，当可转债的正股发生分红时，可转债的转股价格也会进行相应的调整，调整的幅度可以参考股票分红的占比。鉴于正股分红后股价会下跌，可转债转股价格的调整并不会让调整后的转股价值发生较大的变化，所以投资者也不用过多担心。

派息是指上市公司将盈利以现金的形式发放给股东。派息后，公司需要对股票进行除息，具体操作是下调股价。当我们看到股票名称前加"×D"时，就说明该股已除息。

除权除息，是指去除股票所含权益的一种行为。如果一只股票既除权又除息，则在股票名称前加"DR"。上市公司在决定上年度利润分配方案后，会公布一个时间，叫股权登记日。在该日收盘时，凡仍持有该公司股票的投资者，都享有参与这次分红派息的权利。在通常情况下，在股权登记日的第二天，公司会进行除权除息，这天被称为除权除息日。除权除息，是体现股市公平公正原则的重要表现。除权除息后的股票能更准确地反映公司股票所对应的价值，从而帮助投资者进行投资分析与决策。

情形 2 在某一可转债存续期内，当公司股票在任意连续 30 个交易日中至少有 15 个交易日的收盘价格低于当期转股价格的 85%时，公司董事会有权提出可转债转股价格向下修正方案并提交公司股东大会进行审议表决。上述方案须经参加表决的全体股东所持表决权的三分之二以上通过方可实施。在股东大会进行表决时，持有本次可转债的股东应当回避。这种情形可以简写成"15/30，85%"，如表 A-2 所示。

表 A-2　下修 15/30，85%

转股价格向下修正的前提条件	简写	案例
情形 2：公司股票在任意连续 30 个交易日中至少有 15 个交易日的收盘价格低于当期转股价格的 85%	15/30，85%	鼎胜转债（鼎胜新材） 亨通转债（亨通光电） 永鼎转债（永鼎股份） 蓝盾转债（蓝盾股份） 三力转债（三力士） 兄弟转债（兄弟科技） 铁汉转债（铁汉生态） 道氏转债（道氏技术） 水晶转债（水晶光电）

情形 3　在某一只可转债存续期内，当公司股票在任意连续 30 个交易日中至少有 15 个交易日的收盘价格低于当期转股价格的 90%时，公司董事会有权提出可转债转股价格向下修正方案并提交公司股东大会进行审议表决。上述方案须经参加表决的全体股东所持表决权的三分之二以上通过方可实施。在股东大会进行表决时，持有本次可转债的股东应当回避。这种情形可以简写成"15/30，90%"，如表 A-3 所示。

表 A-3　下修 15/30，90%

转股价格向下修正的前提条件	简写	案例
情形 3：公司股票在任意连续 30 个交易日中至少有 15 个交易日的收盘价格低于当期转股价格的 90%	15/30，90%	国贸转债（厦门国贸） 海印转债（海印股份） 利欧转债（利欧集团） 博世转债（博世科） 亚泰转债（亚泰国际）

以博世科的博世转债为例：公司 A 股股票（博世科）在连续 30 个交易日中至少有 15 个交易日（2019 年 1 月 2 日至 2019 年 2 月 19 日连续 30 个

交易日中，1月2日至4日、1月7日至11日、1月14日至18日、1月21日至22日，图 A-1 与图 A-2）的收盘价格均低于当期转股价格的 90%（14.30 元/股 × 90% = 12.87 元/股）。根据募集说明书的相关条款，鉴于公司股价已经出现任意连续 30 个交易日中至少有 15 个交易日的收盘价格低于当期转股价格的 90%，已满足本次可转债转股价格向下修正条件。

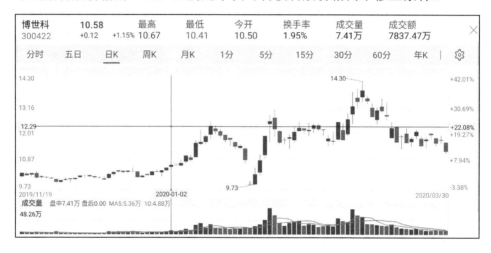

图 A-1　2019 年 1 月 2 日博世科收盘价格

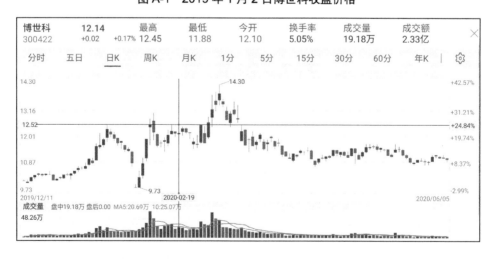

图 A-2　2019 年 2 月 19 日博世科收盘价格

情形 4　在某一只可转债存续期内，当公司股票在任意连续 30 个交易日中至少有 20 个交易日的收盘价格低于当期转股价格的 85%时，公司董事会有权提出可转债转股价格向下修正方案并提交公司股东大会进行审议表决。上述方案须经参加表决的全体股东所持表决权的三分之二以上通过方可实施。在股东大会进行表决时，持有本次可转债的股东应当回避。这种情形可以简写成"20/30，85%"，如表 A-4 所示。

表 A-4　下修 20/30，85%

转股价格向下修正的前提条件	简写	案例
情形 4：公司股票在任意连续 30 个交易日中至少有 20 个交易日的收盘价格低于当期转股价格的 85%	20/30，85%	国祯转债（国祯环保）

情形 5　在某一只可转债存续期内，当公司股票在任意连续 30 个交易日中至少有 10 个交易日的收盘价格低于当期转股价格的 90%时，公司董事会有权提出转股价格向下修正方案并提交公司股东大会审议表决，该方案须经出席会议的股东所持表决权的三分之二以上通过方可实施。在股东大会进行表决时，持有该可转债的股东应当回避。这种情形可以简写成"10/30，90%"，如表 A-5 所示。

表 A-5　下修 10/30，90%

转股价格向下修正的前提条件	简写	案例
情形 5：公司股票在任意连续 30 个交易日中至少有 10 个交易日的收盘价格低于当期转股价格的 90%	10/30，90%	中海转债（中海发展）华锋转债（华锋股份）

情形 6　在某一只可转债存续期内，当公司股票在任意连续 30 个交易日中至少有 10 个交易日的收盘价格低于当期转股价格的 80%时，公司董事

会有权提出转股价格向下修正方案并提交公司股东大会审议表决，该方案须经出席会议的股东所持表决权的三分之二以上通过方可实施。在股东大会进行表决时，持有该可转债的股东应当回避。这种情形可以简写成"10/30，80%"，如表 A-6 所示。

表 A-6　下修 10/30，80%

转股价格向下修正的前提条件	简写	案例
情形 6：公司股票在任意连续 30 个交易日中至少有 10 个交易日的收盘价格低于当期转股价格的 80%	10/30，80%	济川转债（济川药业）

情形 7　在某一只可转债存续期间，当公司股票在任意连续 20 个交易日中至少有 10 个交易日的收盘价格低于当期转股价格的 85%时，公司董事会有权提出转股价格向下修正方案并提交公司股东大会表决。在股东大会进行表决时，持有公司本次发行可转债的股东应当回避。这种情形可以简写成"10/20，85%"，如表 A-7 所示。

表 A-7　下修 10/20，85%

转股价格向下修正的前提条件	简写	案例
情形 7：当公司股票在任意连续 20 个交易日中至少有 10 个交易日的收盘价格低于当期转股价格的 85%	10/20，85%	蓝标转债（蓝色光标）

以蓝色光标的蓝标转债为例：蓝色光标的股票在连续 20 个交易日中存在至少 10 个交易日（2018 年 12 月 17 日至 20 日、2018 年 12 月 25 日至 28 日、2019 年 1 月 2 日至 4 日、2019 年 1 月 7 日至 10 日、2019 年 1 月 14 日，图 A-3）的收盘价格低于当期可转债"蓝标转债"转股价格的 85%（5.29 元/股×85% = 4.50 元/股）。根据募集说明书的相关条款，鉴于公司股

价已经出现任意连续 20 个交易日中至少有 10 个交易日的收盘价格低于当期转股价格的 85%，已满足本次可转债转股价格向下修正条件。

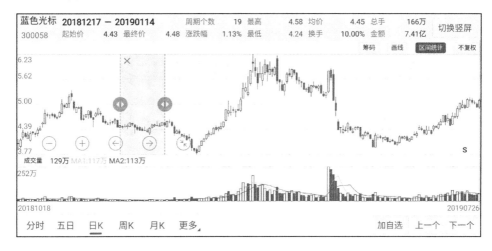

图 A-3 2018 年 12 月 17 日至 2019 年 1 月 14 日蓝色光标日 K 线走势图

情形 8 在某一只可转债存续期间，当公司股票在任意连续 20 个交易日中至少有 10 个交易日的收盘价格低于当期转股价格的 90% 时，公司董事会有权提出转股价格向下修正方案并提交公司股东大会表决。在股东大会进行表决时，持有公司本次发行可转债的股东应当回避。这种情形可以简写成 "10/20，90%"，如表 A-8 所示。

表 A-8 下修 10/20，90%

转股价格向下修正的前提条件	简写	案例
情形 8：公司股票在任意连续 20 个交易日中至少有 10 个交易日的收盘价格低于当期转股价格的 90%	10/20，90%	小康转债（小康股份） 天马转债（天马科技） 格力转债（格力地产） 航信转债（航天信息） 荣晟转债（荣晟环保） 维格转债（锦鸿集团） 湖广转债（湖北广电）

附录 B 有条件回售条款触发的 4 种情形分析

在实际情况中，一般触发有条件回售条款的前提条件可以分为如下 4 种情形。

情形 1 自可转债发行结束之日起满 6 个月后，如果公司股票任意连续 30 个交易日的收盘价格低于当期转股价格的 70%或 80%（具体的阈值比例要看公司的回售条款约定），可转换公司债券持有人有权将其持有的全部或部分债券以面值加当期利息的价格回售给上市公司。可转换公司债券持有人在每个计息年度内可在上述约定条件首次满足时行使回售权一次。如果首次不实施回售，持有人在该计息年度将不得再行使回售权。

让我们以唐钢股份（现为河钢股份）的唐钢转债为例：唐钢股份在 2008 年 7、8 月发布可转债回售的提示性公告，唐钢股份的股票自 2008 年 6 月 13 日至 2008 年 7 月 25 日连续 30 个交易日的收盘价格低于当期转股价格的 70%（14.56 元），如图 B-1 与图 B-2 所示。根据募集说明书的约定，唐钢转债的回售条款生效。

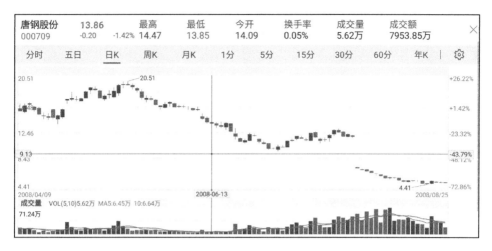

图 B-1　2008 年 6 月 13 日唐钢股份收盘价格（13.86 元/股）

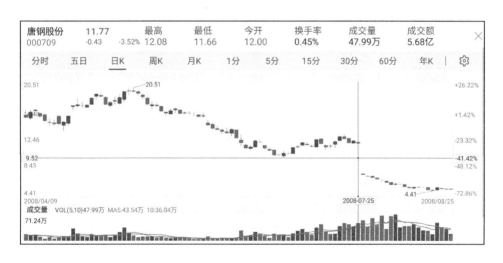

图 B-2　2008 年 7 月 25 日唐钢股份收盘价格（11.77 元/股）

2008 年 12 月 14 日，唐钢转债进入第二个计息年度后，公司股票唐钢股份自 2008 年 12 月 30 日至 2009 年 2 月 19 日连续 30 个交易日的收盘价格低于当期转股价格的 70%，如图 B-3 与图 B-4 所示。根据募集说明书的约定，唐钢转债的回售条款再次生效。

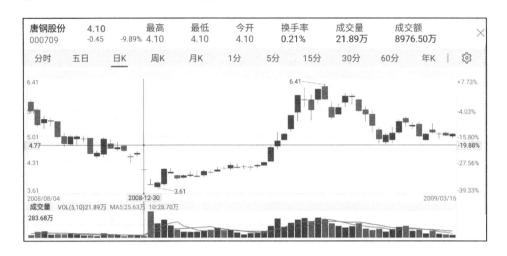

图 B-3 2008 年 12 月 30 日唐钢股份收盘价格（4.10 元/股）

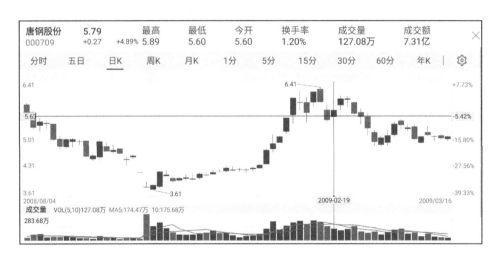

图 B-4 2009 年 2 月 19 日唐钢股份收盘价格（5.79 元/股）

让我们再以燕京啤酒的燕京转债为例：2012 年 1 月，燕京啤酒发布关于燕京转债回售的提示性公告。燕京啤酒的股票自 2011 年 12 月 01 日至 2012 年 01 月 13 日连续 30 个交易日的收盘价格低于当期转股价格（21.66 元/股）的 70%（15.06 元/股），如图 B-5 与图 B-6 所示。根据募集说明书的约定，燕京转债的回售条款生效。

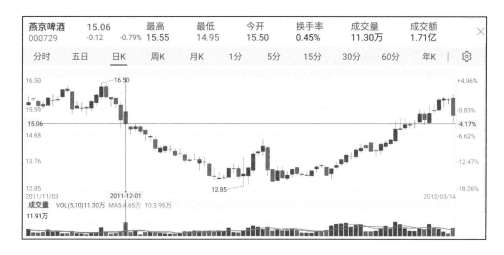

图 B-5 2011 年 12 月 01 日燕京啤酒收盘价格（15.06 元/股）

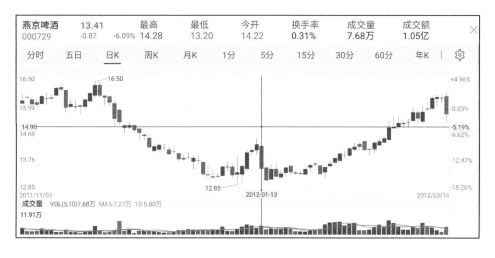

图 B-6 2012 年 01 月 13 日燕京啤酒收盘价格（13.41 元/股）

情形 2 在某一只可转债转股期间，如果在任意连续 30 个交易日中有
20 个交易日 A 股股票的收盘价格低于当期转股价格的 70%或 80%（具体的
阈值比例要看公司的回售条款约定），则将触发可转债回售条款。可转换公
司债券持有人有权将其持有的全部或部分债券以面值加当期利息的价格回

售给上市公司。

情形 3 自可转债第三个（或第 N 个）计息年度起，如果正股在某一段时期内任意连续 30 个交易日的收盘价格低于当期转股价格的 80%（有些公司可转债回售阈值比例为 70%），可转债回售条款将被触发。可转债持有人有权将其持有的全部或部分债券以面值加当期利息的价格回售给上市公司。

以格力地产的格力转债为例，格力转债的"有条件回售条款"是这样描述的："自本次可转债第三个计息年度起，如果公司股票在任何连续 30 个交易日的收盘价格低于当期转股价格的 70%，可转债持有人有权将全部或部分其持有的可转债按照 103 元/张（含当期应计利息）的价格回售给公司"。

与此同时，格力转债还规定了行使回售权的次数，即"自本次可转债第三个计息年度起，可转债持有人在每年回售条件首次满足后可按上述约定条件行使回售权一次，若在首次满足回售条件而可转债持有人未在公司届时公告的回售申报期内申报并实施回售的，该计息年度不应再行使回售权。可转债持有人不能多次行使部分回售权"。也就是说，格力转债的持有人每年只有一次行使回售权的机会，而且必须是在第一次满足回售条件时按规定行使。

2018 年 8 月，格力地产发布格力转债的回售公告。格力地产的股票自 2018 年 7 月 4 日至 2018 年 8 月 14 日连续 30 个交易日的收盘价格低于当期转股价格的 70%，如图 B-7 与图 B-8 所示。根据募集说明书的约定，格力转债的回售条款生效。

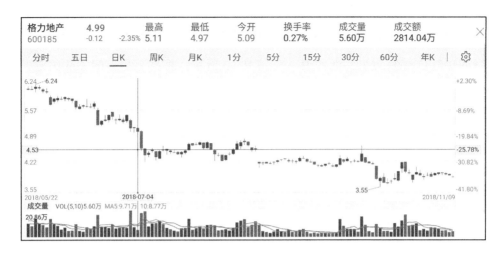

图 B-7　2018 年 7 月 4 日格力地产收盘价格（4.99 元/股）

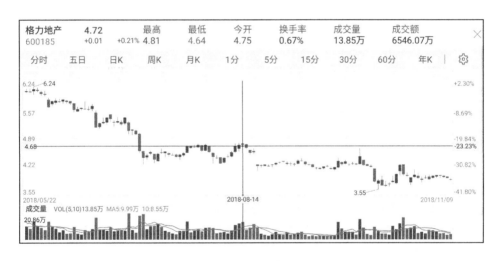

图 B-8　2018 年 8 月 14 日格力地产收盘价格（4.72 元/股）

　　再以江南水务的江南转债为例，江南转债的"有条件回售条款"是这样描述的："自本次可转债第三个计息年度起，如果公司股票在任何连续 30 个交易日的收盘价格低于当期转股价格的 80%，可转债持有人有权将全部或部分其持有的可转债按照 103 元/张（含当期应计利息）的价格回售给公司"。2018 年 7 月，江南水务发布江南转债回售的提示性公告，即江南水务

自 2018 年 5 月 29 日至 2018 年 7 月 10 日连续 30 个交易日的收盘价格低于
当期转股价格的 80%，如图 B-9 与图 B-10 所示。根据募集说明书的约定，
江南转债的回售条款生效。

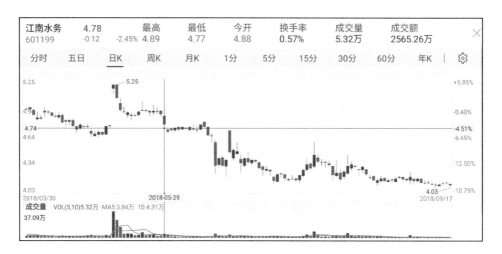

图 B-9　2018 年 5 月 29 日江南水务收盘价格（4.78 元/股）

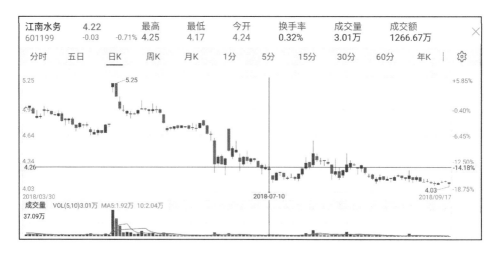

图 B-10　2018 年 7 月 10 日江南水务收盘价格（4.22 元/股）

与格力转债相比，江南转债在募集说明书中没有对回售权的次数进行限制，也没有对每次行使的份额进行限制，这就使得公司后期在处理回售时不得不履行繁杂的手续，同时也对公司造成了一定的资金压力。

情形 4　在可转债最后两个计息年度中，如果正股在某一段时期内连续 30 个交易日内有 30 个交易日的收盘价格低于当期转股价格的 80%（有些公司的可转债回售阈值比例为 70%），则可转债回售条款将被触发。

以澳洋顺昌的顺昌转债为例：2020 年 3 月，澳洋顺昌发布关于顺昌转债回售的提示性公告。澳洋顺昌的股票自 2020 年 1 月 22 日至 2020 年 3 月 11 日连续 30 个交易日内有 30 个交易日的收盘价格低于当期转股价格的 70%，如图 B-11 与图 B-12 所示。根据募集说明书的约定，顺昌转债的回售条款生效。

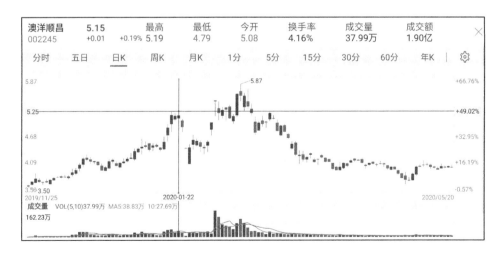

图 B-11　2020 年 1 月 22 日澳洋顺昌收盘价格（5.15 元/股）

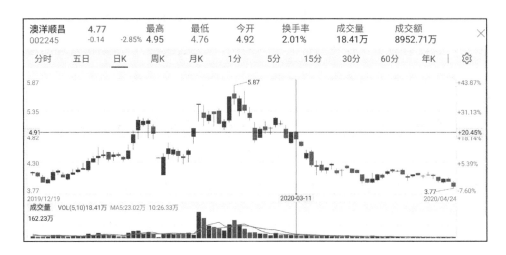

图 B-12　2020 年 3 月 11 日澳洋顺昌收盘价格（4.77 元/股）

附录C 可转债的风险揭示书必备条款（新增条款）

为了帮助投资者更加充分地了解可转债所特有的规则和评估可转债交易的相关风险，上海证券交易所制定了《向不特定对象发行的可转换公司债券投资风险揭示书必备条款》（简称《必备条款》）。2020年7月24日，上海证券交易所发布关于签署《向不特定对象发行的可转换公司债券投资风险揭示书》（简称《风险揭示书》）相关事项的通知。自2020年10月26日起，该通知开始实施。

可转债《风险揭示书》的必备条款共有24条，如下所示。

第1条 本《风险揭示书》所指可转债是指上市公司向不特定对象发行，并在一定期间内依据约定的条件可以转换成股票的公司债券。可转债作为一种具有多重性质的混合型融资工具，投资者应当关注其债券性、股权性、可转换性等特征。

解读：在进行可转债交易之前，投资小白需要充分理解和掌握可转债的定义与特有的交易属性。根据可转债募集说明书的约定条件，可转债是有存续时间的，一般为 6 年期，而股票是没有特定存续时间的（退市的情况除外）。另外，可转债具有其特有的债券防守属性（债性）、股票进攻属性（股性），以及转股期可转换为正股股票的属性（可转换性）。

第 2 条 网上投资者在连续 12 个月内累计出现 3 次网上申购中签但未足额缴款的情形时，自中国结算上海分公司收到弃购申报的次日起 6 个月（按 180 个自然日计算，含次日）内不得参与新股、可转债、可交换公司债券、存托凭证的网上申购。放弃申购的次数按照投资者实际放弃申购新股、可转债、可交换公司债券和存托凭证的次数合并计算。

解读：当投资者参与网上打新股或打新债时，如果投资者中签，要记得按时且足额缴款。在通常情况下，如果投资者中签新股或新债，开户所在的证券公司会以短信的形式通知各个投资者。如果投资者在 12 个月内累计有 3 次没有及时且足额缴款，那么该投资者将在弃购申报次日后的 6 个月内不能参与网上打新股与打新债。因此，投资者要及时且足额地缴款。

第 3 条 网下投资者应当结合行业监管要求、资产规模等合理确定申购金额，不得超资产规模申购，承销商可以认定超资产规模的申购为无效申购。

解读：可转债的网下申购，一般是机构投资者作为普通投资者在参与，我们可以暂且忽略这部分。

第 4 条 最近一期末经审计的净资产不低于人民币 15 亿元的上市公司发行的可转债，以及相关法律、行政法规、部门规章、规范性文件（以下合称法律法规）或者上交所业务规则不要求设定担保的其他可转债，可能会因未设定担保而增加本息不能偿付的风险。

解读：对于最近一期末经审计的净资产不低于 15 亿元的上市公司发行的可转债（在正常情况下，公司净资产不低于 15 亿元是不需要担保的），以及根据法律法规或上交所业务规则不要求设定担保的可转债，投资者需要提前将公司可能因为未设定担保增加本息而无法按期偿付的风险因素纳入考量。

第 5 条　可转债的信用评级可能会因发行人经营管理或者财务状况等因素而出现下调，继而影响可转债的债券市场交易价格。投资者应当关注可转债的跟踪评级报告。

解读：按照由高至低排序，可转债的信用评级可分为 5 个等级，即 AAA 级、AA+级、AA 级、AA-级和 A+级。假设投资者买入了评级为 AA+级的可转债，如果未来发行人出现公司经营管理不善或者出现财务问题等，可转债后续的信用评级可能会面临下调的风险，继而影响可转债的交易价格。投资者可以在相关可转债的跟踪评级报告中定期查看，同时将信用评级下调的风险因素纳入考量。

第 6 条　可转债实行当日回转交易，且无涨跌幅限制，交易价格波动幅度可能较大。

解读：与股票的买卖不同，可转债实行当日回转交易，即人们常说的"T+0"交易，即可以当日买入、当日卖出。与此同时，鉴于可转债交易不设涨跌幅限制，这就要求投资者需要具备一定价格波动幅度的容忍度。

第 7 条　可转债标的股票停复牌的，上交所可以对可转债实施同步停复牌。

解读：当正股股票停牌或复牌时，上交所有权对相应的可转债实施同步停牌或复牌的操作。投资者需要提前将正股股票停牌期间的风险因素纳入考量。

第 8 条 可转债竞价交易盘中价格较前收盘价首次上涨或者下跌超过20%（含）、30%（含）的，实施盘中临时停牌。

解读：关于沪深两市可转债盘中临时停牌规则，投资者可以参考表 C-1。

表 C-1 沪深两市可转债盘中临时停牌规则

	沪市	深市
盘中成交价较前收盘价首次上涨或下跌达到或超过20%	临时停牌 30 分钟	临时停牌 30 分钟
盘中成交价较前收盘价首次上涨或下跌达到或超过30%	临时停牌至 14:57	临时停牌 30 分钟，临时停牌时间跨越 14:57 的，于 14:57 复牌。值得投资者注意的是，自 2020 年 11 月 2 日起，深交所可转债盘中临时停牌制度发生部分调整：由原来的临停 30 分钟修改为临停至 14:57
关于临时停牌期间的委托	沪市停牌期间不可以进行买入或卖出申报	深市临时停牌期间可以进行买卖申报，也可以撤销申报。复牌时，对已接受的申报实行复牌集合竞价

第 9 条 可转债二级市场的交易价格受上市公司的股票价格、转股价格、赎回以及回售条款、市场利率、票面利率、市场预期等多重因素的影响，波动情况较为复杂，可能会出现跌破发行价、价格大幅波动、与投资价值相背离，甚至交易价格低于面值等情况。投资者应当关注相关风险。

解读：可转债交易价格受多种因素（如正股股价波动、转股价格、赎回条款、下修条款、回售条款、利率因素、可转债的债性股性等）的动态影响，可转债价格可能会存在较大波动的情况，也可能会存在交易价格低于面值（即跌破发行价）的情况。投资者需要注意这些交易风险。

第 10 条　目前，上交所市场信用证券账户暂不支持大宗交易、转股、回售、债券回购交易等功能。投资者在信用证券账户中持有可转债的，需关注并知晓无法在信用证券账户中参与相关业务可能造成的影响。

解读：对于上交所市场信用证券账户来说，大宗交易、转股、回售、债券回购等交易指令暂时是无法执行的。投资者如需进行以上交易，需要使用普通证券账户。补充一点，可转债单笔交易数量不低于 5000 张或交易金额不低于 50 万元时，投资者可以进行可转债的大宗交易。

第 11 条　投资者不能在可转债存续期内随时申请转股。可转债自发行结束之日起 6 个月后，在符合约定条件时，投资者方可通过报盘方式申请转换为公司股票。转股期由发行人根据可转债的存续期限以及发行人的财务状况确定。投资者应当关注转股价格、转股期限等相关安排。

解读：自可转债发行结束日起至发行满 6 个月止，可转债是不能转股的。可转债只能在转股期内随时申请转股，即自可转债发行满 6 个月后的第 1 个交易日起至可转债到期日止，投资者可以申请将手中持有的可转债转换成公司股票。转股期的具体时间节点，可以参考表 C-2。

表 C-2　可转债进入转股期的起止时间段

可转债所处的时间节点	可转债能否转股
可转债发行结束日	可转债尚不能转股
可转债发行满 6 个月	
可转债发行满 6 个月后的第 1 个交易日（节假日顺延）	可转债进入转股期
可转债到期日	

第 12 条 可转债的转股价格在可转债存续期可能发生调整。在发行可转债后，因配股、增发、送股、派息、分立及其他原因引起上市公司股份变动的，上市公司将同时调整转股价格。投资者应当关注募集说明书中约定的转股价格调整原则及方式。

解读：在可转债存续期间，可转债的转股价格会因发行人配股、增发、送股、派息、分立及其他原因引起上市公司股份变动而进行调整。当上述情况发生时，投资者需要及时关注可转债发行人发布的相关可转债公告，同时及时关注转股价格的调整情况。

第 13 条 当股票价格在一定期间持续低于转股价格某一幅度，可能会发生转股价格向下修正。但可转债存续期内转股价格是否向下修正以及转股价格向下修正的幅度存在一定不确定性。投资者应当关注募集说明书中约定的转股价格向下修正条款以及相关公告。

解读：当公司股价满足转股价格向下修正的前提条件时，公司有权选择下修转股价格，也有权选择不下修转股价格，一切均以可转债募集说明书中约定的下修条款来执行。

第 14 条 如上市公司股价持续低于转股价格，且未及时进行转股价格向下修正，或者向下修正后上市公司股价仍低于转股价格，可能导致可转债转股价值低于可转债面值。投资者应当关注相关风险。

解读：当公司股票价格即将触发回售条款时，控股股东才有意愿提出转股价格向下修正的议案，而不是达到条件后就立即向下修正。也就是说，下修转股价格是可转债发行人的权利而非义务。当可转债发行人未能及时下修转股价格或向下修正后公司股价仍低于转股价格时，那么可能会出现可转债转股价值低于可转债面值的情况。此时，投资者需要关注相关风险。

第 15 条　如转股期间较短时间内发生大规模转股，可能导致公司当期每股收益和净资产收益率被摊薄。如发生转股价格向下修正，可能导致公司股本摊薄程度扩大。投资者应当关注相关风险。

解读：在转股期内，如果可转债持有人进行了大规模转股，公司当期每股收益和净资产收益率可能会被摊薄。如果可转债发行人向下修正转股价格，公司股本摊薄程度可能会扩大。投资者需要提前将以上风险因素纳入考量。

第 16 条　可转债在存续期内满足募集说明书约定的赎回条件时，发行人可以行使赎回权，按照约定的价格赎回全部或者部分未转股的可转债。可转债赎回价格可能与二级市场的交易价格差异较大，可转债存在质押和冻结情况的可能无法赎回。投资者应当关注募集说明书中约定的赎回条款，以及强制赎回的相关风险。

解读：赎回条款，是指如果正股价格在可转债发行后大幅上涨，当正股价格远高于转股价格并达到一定阈值时，可转债发行公司可以按照可转债募集说明书中的约定以赎回价格到期赎回或者提前赎回未转股的可转债。强赎条款的核心是保护可转债发行公司的利益。赎回条款中的赎回价格可以被投资者视为是可转债价格的天花板，当赎回条款快被触发生效时，投资者需要关注可转债的赎回期，避免因未能按时转股或卖出而承受投资损失。

第 17 条　可转债在存续期内满足募集说明书约定的回售条件时，债券持有人可回售部分或者全部未转股的可转债。投资者应当关注可转债的回售期限以及回售价格。

解读：回售条款，是指当可转债进入回售期时，如果正股价格在某一段时期内大幅下跌并远远低于转股价格并达到一定的回售阈值比例，可转债持有人可以依照可转债募集说明书中的约定将可转债以债券面值加当期应计利息的价格全部或者部分回售给发行人。回售条款不仅可以保护投资者的利益，还可以降低投资风险，是一个保护投资者的重要条款。因此，投资者应当及时关注可转债的回售情况，并在回售期限之内及时完成回售登记。如果投资者不想将持有的可转债回售给公司，则可以直接卖出可转债或者进行转股操作。

第 18 条 可转债发行人按照约定向到期未转股的可转债投资者还本付息，并接受投资者的回售要求。但公司的经营情况、财务状况可能影响发行人还本付息、接受回售的能力，可转债可能发生不能偿还到期本金、利息等情形，导致重大投资损失。

解读：回售条款是可转债的重要条款之一，它的核心是保护可转债投资者的利益。当正股价格远低于转股价格并达到一定阈值时，投资者可以根据可转债募集说明书中的约定以债券面值加当期利息的价格将可转债回售给发行公司。当回售条款被有效触发时，投资者有权选择是否将手中持有的可转债回售给发行人。在可转债回售期内，回售条款不仅保证了可转债投资者资金的安全性，还降低了可转债投资者的投资风险。但是，可转债发行公司的经营情况或财务状况可能会影响它还本付息，投资者需要具有一定的风险意识。

第 19 条 因可转债附有转股权利，故可转债的利率可能低于评级及期限相同的不可转换公司债券利率。

解读：在债券信用评级与存续期限相同的条件下，因可转债附有可转股的权利，即具有看涨期权的属性，所以可转债的利率可能会低于不可转换公司债券的利率。

第 20 条　投资者应当特别关注发行人发布的可转债相关公告，及时从上交所网站、上市公司网站或者其他符合中国证监会规定条件的信息披露媒体、证券公司网站等渠道获取相关信息。

解读：投资者需要及时关注可转债发行人发布的可转债相关公告，避免出现因错过公告中的重要信息而承受不必要的投资损失。

第 21 条　可转债相关的法律法规、上交所和登记结算机构业务规则，可能根据市场情况进行制定、废止和修改，投资者应当及时予以关注和了解。

解读：当可转债相关的法律法规、交易规则及业务规则发生变化时，投资者需要及时关注。

第 22 条　在可转债的存续期间，如果出现火灾、地震、瘟疫、社会动乱等不能预见、避免或者克服的不可抗力情形，可能会造成投资者经济损失。

解读：在可转债存续期间，如果出现不可抗力的情况，投资者可能会面临损失。

第 23 条　可能由于证券公司、上交所或者登记结算机构等的系统故障或者差错而影响交易的正常进行或者导致投资者的利益受到影响。

解读：当证券公司、交易所或者登记结算机构等发生系统故障时，投资者可能无法正常进行交易，进而遭受经济损失。

第 24 条 可能由于投资者或者证券公司未按照规定进行各项申报、申报要素填报错误、证券公司或者结算代理人未履行职责等原因，导致操作失败的风险。

解读：当投资者或者证券公司没有按照规定进行申报，证券公司或者结算代理人没有履行份内职责等时，均可能导致投资者的交易失败。